Ich bin überzeugt, dass das Trading besonders anziehend für Menschen ist,
die Antworten suchen,
aber keine finden können,
die den Erfordernissen der Vernunft und der Erfahrung entsprechen;
für Menschen, die aus demselben Grund nicht an Geister und Engel glauben,
aus dem sie nicht an den Weihnachtsmann glauben,
und für Menschen, die nicht glauben,
es gebe auf die schwierigen Probleme des Lebens einfache Antworten.

Diese Buchserie bietet eine Antwort,
indem sie in Abrede stellt,
dass nur eine Antwort nötig oder möglich sei.
Stattdessen vertritt sie die These,
keinerlei Regelwerk oder Strategie sei in der Lage,
die Wirklichkeit des Börsenhandels angemessen zu beschreiben.
Sie geht so weit, dies auch auf sich selbst anzuwenden:
Man müht sich und plagt sich, das Rätsel zu lösen,
bis man nicht nur sieht, sondern auch spürt,
dass es keine Lösung gibt –
dass das Problem in der eigenen Denk- und Handlungsweise
und nicht im Regelwerk als solchem liegt.

Michael Voigt, 2009

Campello VERLAG

Campello Verlagshaus GmbH
Steinweg 17-19
98527 Suhl

TEL: 0049 3681 4544690
FAX: 0049 3681 727899

www.der-haendler.com

Das FSC-zertifizierte Papier Munken Lynx
aus dem Campello Verlag liefert Schneidersöhne.

1. Auflage
Deutsche Erstausgabe Januar 2009

Umschlagillustration: D. Lieske
Umschlaggestaltung: B. Günther

Druck und Bindung: Druckerei Beckmann

Printed in Germany

ISBN 978-3-941577-00-8

Für Tina und Zara,
denn es gibt noch mehr als nur Charts …

VORWORT

Die Geschichte Philips, die erzählt wird – nicht um seinetwillen, denn der Leser wird einen einfachen, wenn auch ansprechenden jungen Mann in ihm kennenlernen – sondern um der Geschichte willen, die in hohem Grade erzählenswert scheint: Diese Geschichte ist nicht lange her, dennoch nicht aktuell und daher in der Zeitform der Vergangenheit. Fehlende Aktualität jedoch ist kein Nachteil für eine Geschichte rund um den Börsenhandel, eher ein Vorteil; denn je eher Geschichten um Trades vergangen sind, könnte man sagen, desto besser für sie in ihrer Eigenschaft als nachdenkliche Geschichten, die vom Leben und Bewusstsein tief zerklüftender Emotionen und deren Grenzen erzählen.

Es steht mit diesem Buchband so, wie es heute auch mit jedem Händler steht: Die Tiefe und Tragkraft seiner Gedanken und das Maß seiner Fähigkeiten als kluger Händler sind nicht nach Tagen oder der auf jedem Trade liegenden Erfahrung, nicht nach Sonnenumläufen zu berechnen; kurz gesagt: Die Geschichte verdankt den Grad ihres Vergangenseins nicht eigentlich der Zeit – eine Aussage, mit der auf die Fragwürdigkeit und eigentümliche *Zwienatur* dieses geheimnisvollen Elements *Trading* angespielt und hingewiesen sei. Denn ist es nicht so, dass der Lerncharakter eines Trades und dessen umherschweifende Gedanken nicht umso tiefer, vollkommener und deutlicher werden, je größeren Abstand man dazu gewinnt? Denn fachliche oder mentale Prinzipien sind schnell formuliert, doch sie müssen umgesetzt, angepasst, erneut umgesetzt und im Einzelfall wieder konkretisiert werden. Und da liegt die eigentliche Schwierigkeit.

Die Geschichte – sie ist sehr lang und besteht aus vielen, vielen Bänden – wird ausführlich erzählt, genau und gründlich, denn wann wäre je die Kurz- oder Langweiligkeit im Trading abhängig gewesen von Raum und Zeit, die es in Anspruch nahm? Ohne jegliche Furcht vor Direktheit wird vielmehr zu der Ansicht geneigt, dass nur das Gründliche wahrhaft unterhaltend im Börsenhandel und dem Trading ist.

Also, gelesen ist die Geschichte schnell, aber im Handumdrehen wird der Leser gedanklich mit diesen Zeilen nicht fertig werden. Ein paar Stunden werden dazu nicht reichen - und auch die fünf Tage einer Handelswoche nicht.

Ein Hinweis zu guter Letzt: Es soll auf den Namen der Handelsbüros und die Stätten des Geschehens kein besonderer Wert gelegt werden. Wie in allen Handelsbüros rund um die Welt fanden dort Plustrades- und Minustrades, mentales Vorgleiten, Nichtschritthalten von Zusammenstößen zwischen der menschlichen Psyche und Regelwerken, bodenlosen Punkten von Aktionismus und Langeweile, dazwischen ständiges Flackern der Kurse, Verstimmung und Verschiebung aller Rhythmen gegeneinander statt. Das alles glich im Ganzen einer kochenden Blase, die in einem aus dem dauerhaften Stoff von Kursen, Charts, Handelslogiken, Nachrichten und Orders bestehenden Gefäß ruht.

Die Händler in der Geschichte, die in dem Handelsbüro arbeiteten, hatten diesen Eindruck natürlich überhaupt nicht. Sie gehörten scheinbar einer bevorzugten Berufsschicht an, waren vornehm in Kleidung, Haltung und vor allem in der Art, wie sie ehrlich miteinander sprachen, trugen die Anfangsbuchstaben ihrer Namen bedeutsam auf ihre Hemden gestickt. Und ebenso, das heißt nicht nach außen gekehrt, wohl aber in der feinen Unterwäsche ihres Bewusstseins, wussten sie, dass sie auch nur Menschen und keine Maschinen waren und der Börsenhandel einer der schwersten Jobs war unter Gottes Himmel. Sie arbeiteten in unerwähnten Städten, denn auch diese bestanden wie jede Stadt der Welt aus Unregelmäßigkeiten, Wechseln, Duellen von Dingen und Angelegenheiten mit Punkten der Stille dazwischen, aus ungebahnten Wegen und kurvenreichen Straßen.

Und somit fangen wir an, das Trading zu erforschen, die seltsame Hartnäckigkeit der Unvernunft zu verstehen, mit der es den Globus der Börsen umspannt. Wir wollen ihm auf die Schliche kommen!

Zudem könnte es sein, dass diese Geschichte auch mit Ihrem Trading, lieber Leser, das eine oder andere zu schaffen hat ...

Michael Voigt

DANKSAGUNG

Ich möchte mich bei allen Beteiligten, die bei der Umsetzung des Buches geholfen haben, ganz herzlich bedanken. Vorangestellt möchte ich meiner Familie und Tina danken. Sie haben mir für den Zeitraum der Bucherstellung den Rücken frei gehalten und mich in diesem Vorhaben unterstützt und bekräftigt. Einen großen Dank gilt es auch meiner Assistentin Frau Posselt auszusprechen, die sich in unzähligen Stunden mit meiner Handschrift auseinandersetzen musste. An dieser Stelle möchte ich ebenso Holger und Erdal für ihre vielen Bemühungen und Hinweise meinen Dank aussprechen, sowie: Herrn Aderhold, Frau Auer, Frau Boettger und Herrn Rudolf.

Michael Voigt

Band 1

DER HÄNDLER

BÖRSENHANDEL FACHROMAN

Ein ganz normaler Tradingtag
und Menschliches, Allzumenschliches

Campello Verlagshaus

Auszug aus Hofners Tagebuch:
»... das Leben als Trader ist eine missliche Sache;
ich habe mir vorgenommen,
es damit hinzubringen,
über dasselbe nachzudenken.«

Würdest du dich als gestresst bezeichnen?

Nein. Ganz sicher nicht. Ich habe nur ... einfach viel zu tun. So ist das nun mal, wenn man einen anspruchsvollen Job hat. Ich bin ehrgeizig und habe Spaß an meiner Arbeit.

Na gut, manchmal fühle ich mich schon etwas unter Druck. Ich bin schließlich Berufshändler, genau genommen Trader, habe also immer den Finger direkt am Puls des ganzen Finanzmekkas. Hat eigentlich irgendjemand da draußen einen Schimmer, was das heißt? Nein?

Philip unterbrach seinen inneren Monolog, schaute kurz auf die Fragen, die vor ihm lagen, und fixierte den äußeren rechten Bildschirm. Der DAX-Future stieg um weitere 13 Punkte. Kurz darauf erblickte ein neuer Bar des 10-Minuten-Charts das Licht der Welt. Durch diesen Anstieg rückte der letzte lokale Tiefpunkt von 6808 noch weiter in die Trading-Ferne. Gut. Egal, jetzt weiter zur nächsten Frage.

Wie viele Stunden verbringst du tagtäglich am Arbeitsplatz?

~~12~~

~~8~~

Naja. Wie man es nimmt, überlegte Philip. Rein körperlich nicht so viele. Aber geistig ...

Treibst du regelmäßig Sport?

~~Ich jogge regelmäßig.~~

~~Ich jogge, so oft ich kann.~~

Ich habe vor, demnächst mal wieder joggen zu gehen. Sobald ich Zeit habe. Im Moment ist aber an den Märkten viel los.

Trinkst du täglich mindestens zwei Liter Wasser?

Ja. Äh, manchmal ...

Wieso kamen die nur auf solche merkwürdigen Fragen???

Philip setzte den Stift kurz ab und räusperte sich. Etwas schuldbewusst griff er nach der noch unangebrochenen Wasserflasche unter seinem Schreibtisch, nahm einen großen Schluck und warf einen Blick auf den Chart.

Heiliger Bimbam, wie lange dauert das denn noch, bis der Markt mal fällt?

Hofner, vier Meter hinter ihm, klickte gerade eine Stopp-Sell-Order in den Markt und schaute kampfbereit von seinem Arbeitsplatz auf. »Komm schon, komm schon ...«, feuerte der erfahrene Händler den Euro-FX-Future zum Spaß an und griff sich in sein kurzes, dunkles Haar. »Fall nun endlich unter die zwölf!«

Der Euro-FX-Future pendelte seit beinahe sieben Minuten zwischen 1,5813 und 1,5820. Die Stopp-Sell-Order zur Eröffnung der Short-Position lag auf dem Kurs von 1,5795. Dieser geplante Trade resultierte aus der 20-Pips-Korrektur innerhalb des sauberen Abwärtstrends auf Tickbasis. Hofner hielt die Korrektur offenbar für beendet, denn der Markt drehte bereits wieder in Richtung des letzten Tiefpunkts, legte jedoch auf diesem Weg eine kurze Zwischenpause ein.

Hofner war Philips Arbeitskollege und langjähriger Freund. Hofners Ruf? Ein Notarzt für Trader, ohne Wenn und Aber. Ein Retter in letzter Minute, ein gerissener Meister seines Fachs, der willens war, alles zu tun, um sich, seine Ideen und Emotionen in den Griff zu bekommen. Philip empfand es immer als einen großen Glücksfall, mit einem solchen Trader zusammen durch das Universum von Märkten und Zeiteinheiten zu surfen. Händler vom Schlag eines Hofner hatten von klein auf gelernt, jedem Trader mit Rat und Weitsicht beizustehen. Er kannte alle Facetten und sämtliche Betrachtungen des Tradings. Er kannte die riesigen Gewinne und großen Verluste so gut wie sonst kaum jemand. Er stimmte mit den anderen alten Hasen des Börsenhandels überein, die da sagten: »Sobald wir anfangen zu traden, fangen wir an, uns zu verändern ...« Als erfahrener Händler hatte er jene Veränderung unzählige Male bei anderen, unter anderem auch bei Philip, miterlebt.

Obwohl Philip das Motto »Wir verändern uns beim Trading ...« im Falle des Börsenhandels für richtig hielt, hätte er nie geglaubt, dass dies hier und jetzt etwas mit ihm und seiner Arbeit zu tun haben könnte. Das heißt – bis zum heutigen Tag, an dem sich seine Persönlichkeit wieder ein Stück weiterentwickeln sollte.

»Na, Philip, kommst du voran?«, fragte Hofner grinsend und warf zeitgleich einen Blick in Richtung des Euro-FX-Futures-Charts.

»Äh, ich bin ein wenig im Stress«, erwiderte Philip leicht irritiert. »Außerdem hab ich meine Sachen noch nicht alle gepackt. Muss ich da wirklich alle Fragen beantworten?«

»Ich fürchte, ja ...«, antwortete Hofner mit einem Hauch von gekünstelter Strenge. Schließlich war das Beantworten dieser Fragen ein heiß geliebtes Ritual der Trader. Immer wieder fand Philip in seinen Unterlagen, auf seinem Schreibtisch oder sogar in seiner Manteltasche Zettel mit kniffligen Fragen und Hinweisen zum Leben eines Traders, die von

Sander und Hofner stammten und die Philip beantworten musste. Ehrlich natürlich. Manchmal hatten diese Fragen ihn schon in tiefste Grübeleien gestürzt, aber gelegentlich zeigten sie ihm auch Mittel und Wege, mit der Arbeit und den damit verbundenen Schwierigkeiten besser umgehen zu können. Auf jeden Fall schenkten sie ihm einen wertvollen Blick in die Abgründe, auf die Berggipfel und Geheimnisse des Tradings. Natürlich gab es auch einen Haken an der Sache: Konnte Philip die Fragen nicht zur vollsten Zufriedenheit beantworten, musste er jedes Mal das Mittagessen bezahlen.

Philip warf einen Blick auf seine Uhr. Schon halb zehn. Er hatte heute eigentlich wirklich keine Zeit für dieses Spiel.

Echt!

Außerdem hatte er an seinem letzten Arbeitstag vor der Reise keinen Bock darauf, das Mittagessen zu übernehmen. Denn danach sah es wieder einmal aus. Er wusste nicht, wie er die Fragen richtig beantworten sollte, falls es bei diesem Thema überhaupt ein »richtig« gab. Er konnte nur ehrlich sein, und dass das seine Kollegen dann für ausreichend und befriedigend erklärten, bezweifelte er. Dies hatte ihn seine Erfahrung bereits gelehrt. Manchmal glaubte er, genau das Richtige geantwortet zu haben, doch dann erklärte ihm Hofner, dass es eigentlich gar nicht darauf ankam und die Antwort viel tiefer oder in einer anderen Richtung lag. Und dummerweise hatte Hofner immer recht. Also: Wieso war es für einen Trader wichtig, täglich zwei Liter Wasser zu trinken? Oder war das nur eine Scherz- oder gar eine Fangfrage? Philip wusste es nicht. Heute war irgendwie der Wurm drin. Sicherlich lag das daran, dass er in Gedanken bereits in der Luft war – und in Bangkok. Momentan interessierten ihn Fragen zu Luftfeuchtigkeit im asiatischen Raum und nach thailändischem Leben mehr als die zu seinem gewohnten Leben. Ab morgen würde nichts mehr sein wie gewohnt. Morgen würde er für mehrere Wochen nach Bangkok fliegen. Und zwar dienstlich.

Philip sah auf. Seiner Meinung nach stand ihm sogar eher eine Abschiedstorte oder etwas in der Art zu. Aber seine Meinung würde wahrscheinlich niemanden interessieren. Ritual war Ritual.

Ein Blick auf den DAX-Future musste dennoch sein. 6829 Punkte. Das Ding blieb momentan einfach stehen. Keinen Punkt rauf, keinen runter. Also gut. Nächste Frage.

Rauchst du heimlich?

Nein!

Trinkst du viel Alkohol?

Hin und wieder. Logisch. Aber bin ich deswegen gleich Alkoholiker?

Isst du regelmäßig frisch zubereitetes Essen?

Was soll denn das schon wieder heißen?

Philip blickte erneut auf. Der DAX zeigte immer noch null Reaktion. Dagegen hüpfte der Schweizer Future SMI seinem Tagestief entgegen.

... 7310 ... 7311 ... 7309 ...

Ich ernähre mich gesund und ausgewogen, kritzelte Philip schließlich hin. Was auch die Wahrheit war. Weiß doch jeder, dass Italiener und Asiaten länger leben – was könnte also besser sein, als täglich Sushi und Tiramisu zu essen? Ist wahrscheinlich gesünder, als selbst zu kochen.

Hast du das Gefühl, ein ausgeglichenes Leben zu führen?

Klar.

N...

Ja.

Manchmal.

Scheiße, ich bin Trader ... Was soll die Frage? Die beiden wissen doch genau, wie es ist!

»Fertig!«, verkündete Philip, wedelte mit dem ausgefüllten Fragebogen und schaute entspannt auf seine Bildschirme. Der DAX-Future stand sieben Punkte vor Philips Stopp-Order, welche er kurz unter das aktuelle Tagestief, das zeitgleich einen *Punkt 2** darstellte, in den Markt legte.

»Na dann, mal sehen, wer zahlt«, erwiderte Sander dröhnend und blickte gelangweilt nacheinander auf die 12 Bildschirme seiner zwei Rechner, von denen allerdings einer viel langsamer agierte als der andere. Ein Netzwerkfehler, der Sander jedoch kaum aus der Ruhe bringen konnte. Der Techniker war bereits gerufen, er musste jeden Moment eintreffen.

Auch Sander, ebenso wie Hofner, konnte nichts mehr ängstigen, nichts mehr bewegen. Alle tausend Fäden des Wollens, welche einen Trader an die Welt der Kurse und Charts gebunden halten und ihn in Form von Begierde, Furcht, Neid und Zorn hin und her reißen, hatte er unter beständigem Schmerz bereits vor vielen Jahren durchtrennt.

Er blickte nun ruhig und lächelnd zurück auf die unzähligen Gaukelbilder dieser Trading-Welt, die jetzt so gleichgültig vor ihm standen wie Schachfiguren. Philip war nach all diesen Jahren immer noch verblüfft über die Besessenheit Sanders, sämtliche Risiken ständig vor seinem geistigen Auge durchzuspielen – er dachte buchstäblich an alles, was möglicherweise jedem Chartbild und jeder Marktsituation zustoßen könnte. Sander hatte Philip seit Beginn von dessen Praktikum gezwungen, immer einen Alternativplan aufzustellen – für den Fall, dass ein Chart sich anders verhielt als angenommen –, und tobte jedes Mal, wenn Philip ihm antwortete, dass bei dieser aktuellen Chartkonstellation gar nicht daran zu denken sei, dass der Markt sich möglicherweise anders verhalten könnte, und ihn daher ein »Plan B« wenig interessiere.

Sander war ein begnadeter Trader, der nie aus einer Laune heraus ein Trade in den Chart feuerte – und dennoch hörte er jedem Anfänger geduldig

* Siehe Erläuterungen ab S. 97 ff.

zu, verstand jedes Wort von dem, was dieser sagte, und ermutigte auch Philip, im Studium seines Egos noch einen Schritt weiterzugehen. Er lehrte Philip, bei jedem Trade die unsichtbaren Selbstzerstörungsrisiken zu suchen.

Sander war groß gewachsen und voller Selbstbewusstsein, was die Frauenwelt anging. Gelegentlich kam er morgens in den Klamotten vom vorigen Tag ins Büro, etwas zerknautscht und übernächtigt aussehend, aber nichtsdestotrotz hoch konzentriert, wenn es um die Arbeit ging.

»Auf Tagesbasis im Bund-Future und Dow Innenstäbe*«, bemerkte Sander und kippte in einem Zug seinen Kaffee runter. »Das wird ein witziger Tag.« Witzig waren auch die Tassen, aus denen er seinen Kaffee trank. Zumindest hatten Philip und Hofner lauthals gelacht, als sie diese das erste Mal sahen. »World's Best Dad« stand darauf oder »Männlich, ledig, jung sucht ...«. Die Tassen waren ein Geschenk seiner Mutter, ein Wink mit dem Porzellan-Zaunpfahl, dass er an seine Zukunft und an die seiner Mutter als Großmutter denken sollte. Sander hielt jedoch nicht viel von Familie. Aber er trank trotzdem aus den Tassen seiner Mutter, schon allein um die Stimmung im Büro hochzuhalten.

»Der SMI-Future hat auch Innenstäbe«, meinte Philip nachdenklich. »Na ja!«

Aber der Handelstag ging ja erst los. Der DAX-Future hatte heute Morgen um acht Uhr 31 Punkte tiefer eröffnet, zog dann sofort um 37 Punkte an und stand nun wieder kurz vor seinem Eröffnungskurs. Der Bund-Future eröffnete auf Höhe des gestrigen Schlusskurses um 22 Uhr, bei 113,91. Wie jeden Mittwoch standen einige Wirtschaftsnachrichten an.

Philip überprüfte die offenen Overnight-Positionen seiner Konten. Vier Konten bei drei verschiedenen Brokern, das brachte zwar den kleinen Nachteil, dass drei verschiedene Handelsplattformen gleichzeitig bedient werden mussten, hatte aber den Vorteil, dass neben dem zeitgleichen Handel unterschiedlicher Zeiteinheiten in ein und demselben Markt auch ein möglicher Ausfall eines Brokers keine generelle Handlungsunfähigkeit nach sich zog.

Piep, Piep, Piep.

Hoppla, das ging jetzt aber zügig.

Order Filled

Sell FDAXJN08 20@6808 id=7261168.

Ein gelb hinterlegtes Fenster tauchte am oberen Rand des linken Bildschirms auf. Diese Info bestätigte Philip die Ausführung der Order »*Sell*« des DAX-Futures »*FDAX*« mit Laufzeit Juni 2008 »*JN08*«. Philip verkaufte 20 Kontrakte »*20@...*« zu 6808 »...*@6808*«. Die letzte Information des Fensters dokumentierte die Ordernummer »ID=7261168«.

* Siehe Erläuterungen ab S. 97 ff.

Da er keine offene Position in dem Markt besaß, war er somit 20 Kontrakte zu 6808 im DAX-Future short. Er kontrollierte mit gewohnt peniblem Blick, ob sein Rechner den Stopp an die richtige Stelle setzte.

Trade-Guarde-Modus: ON

Stopp Buy FDAX JN08@6819.

Passt. Auf den Rechner war halt Verlass. Klare Regel, klare Ausführung. Wie ein treuer Freund, still und ohne zu murren. Ein Computer machte alles: Er führte Trading-Befehle aus, bestellte Blumen für Geliebte und Familien, wenn man Geburtstage vergessen hatte, orderte Pizza, wenn es abends spät wurde, war er das Tor zur Welt, wenn man kaum noch Kontakt zu anderen hatte. Ein Computer pennte nicht. Ein Computer eierte nicht rum.

»Gott, bitte fall!«, murmelte Philip und starrte auf das Positionsfenster. Ihn interessierte die wunderbare Mauer aus Abkürzungen, FDAX, FSMI, FESX, FGBL etc., hinter der eine große Zahl, der Punktestand, zu sehen war, dann eine weitere Zahl und davor das entscheidende Plus- oder Minuszeichen.

Name	Position	Traded	P/L Points	P/L	Time	Last Quote	Bid	Ask
FDAX	- 20 K	6808	+02	+1000 Euro	09:40:12	6806	6806,0	6806,5

Und – schwupp! – schon tauchte eine riesige fallende Periode auf Philips 10-Minuten-Chart auf. »Wow ... Ich kann`s nicht fassen, das ging fix!« Mit einem zufriedenen Grinsen begrüßte Philip jeden neuen weiter fallenden Kurs.

... 6805 ... 6804 ... 6802 ... 6798

Wenn ihn nicht alles täuschte, stand der DAX-Future wenige Punkte vor dem Durchbruch der fetten Aufwärts-Trendlinie! *Ja, ganz eindeutig. Kein Wunder.* Sie war die reinste Augenweide und erstreckte sich über zwei Tage auf den 10-Minuten-Charts.

Durch die Time&Sales-Liste* ging ein kräftiger, wenn auch kurzer Ruck, und innerhalb von zwei Sekunden katapultierte es den Markt unter die Trendlinie. Stopp-Orders wurden ausgelöst und *Market* ausgeführt. *Das klappte ja hervorragend!* Philip reckte zufrieden den Daumen in die Höhe. Sachte schob er die Maus auf das Ordermenü, bis der Zeiger direkt auf »Buy« stand. Jetzt musste er nur noch den richtigen Zeitpunkt abwarten. Sein Freund, der Computer, lauerte mit ihm.

Zack!

Eine schnelle Handbewegung, und die Order segelte durch den Datenhighway zum Broker. Im Handumdrehen halbierte er die Position und nahm zwanzig Punkte Gewinn mit, während der Computer für die verbleibende Restposition von zehn Kontrakten den Stopp automatisch der neuen Positionsgröße anpasste und zielsicher nachzog. Philip handelte die *Bewegung** und daher wurde für jede weitere Periode unter Beachtung

* Siehe Erläuterungen ab S. 97 ff.

möglicher Innenstäbe der Stopp auf die vorhergehende Periode gesetzt. Alles wird ganz wunderprächtig an meinem letzten Tag, dachte Philip und vergaß dabei, dass man den Tag nicht vor dem Abend loben soll.

Philip war nun seit mehr als drei Jahren fest angestellter Händler. Hofner und Sander waren von Anfang an davon überzeugt gewesen, dass ein guter Trader aus ihm werden würde, und so waren die zurückliegenden vier Lehrjahre nach ihrem Wunsch verlaufen. Vor nunmehr fast sieben Jahren, als Philip seinen ersten Praktikumstag hinter sich hatte, hatte Hofner Sander zugeraunt: »Philip ist aufgeweckt. Denkt gern mit. Dürfte nicht schwerfallen, den Jungen zum Trading zu verführen.« Denn um nichts anderes als Verführung handelt es sich, wenn man einem Neuling das Trading beibringt. Es ist Verführung, ihn zu einer bestimmten Wahrnehmungsweise zu locken, die er zunächst nicht gesucht hat, das ist es! Und schließlich … ihm aus einem bestimmten Blickwinkel, aus einer Richtung, aus der er es gar nicht erwartet hätte, Hilfestellung zu leisten.

»Zunächst einmal«, erklärte Hofner immer, »gilt es, die Grenzen im Trading genau zu bestimmen. Dann muss man lernen, sich selbst aus der Ferne zu betrachten – obgleich Gier und Angst jedem Trader leider gelegentlich die Perspektive verstellen.« Damit sprach Hofner nichts anderes aus, als die hastige Jagd nach dem ultimativen, gewinnbringenden Monster-Trade aufzugeben und sich stattdessen zu Beginn aus der riesigen Anzahl von Märkten und der Handelsmöglichkeiten auf eine kleine Anzahl zu konzentrieren und dort nun vom Jäger zum Sammler zu werden. Niemand konnte einem Tradinganfänger abnehmen, sich in der Vielzahl von Märkten, Zeiteinheiten, dem gigantischen Universum von Handelsregeln, den Positionsgrößen, Arbeitszeiten, der Anzahl der Positionen, Gewinnabsichten pro Trade, pro Woche, pro Monat und pro Jahr festzulegen.

Hofner brachte es schnell auf den Punkt, worin der prägende, der essenzielle Unterschied zwischen Tradinganfänger und einem Profi bestand: in der Wahrhaftigkeit. Hofner nannte es »meine Suche nach der Wahrheit, der ich mich unterordnen muss«, und damit formulierte er das, was jeden Händler beim Traden berührte, weil es plötzlich Wörter und damit Bilder gab für Situationen, Lebenszusammenhänge und -gefüge auftauchten, die bisher namenlos und trotzdem bekannt, vertraut waren – ein einzigartiger, berührender, verdichteter Punkt. Wie im richtigen Leben, wo wir ja auch den Unterschied zwischen einer durchaus gut geführten Unterhaltung mit Menschen und dem vertrauten, intensiven Gespräch mit Freunden spüren. »Es geht doch um die Wahrhaftigkeit, um nichts anderes!«

Die Monate und Jahre von Philips Praktikum vergingen, und mit ihnen auch die Vorstellung von immensen Gewinnen mit nur einem einzigen Trade.

Diese Vorstellung hatte anfangs einen Sog auf ihn ausgeübt, einen machtvollen Sog. Doch dann rissen ihn jedes Mal Hofners Worte aus seinen Fantastereien. »Nun, Bambino mein Junge«, blieb er immer geduldig, »haben wir jetzt genügend Zeit darauf verschwendet, einen Anflug von Gier zu bekommen?« Philips Räuspern bei diesen Worten, sein verlegenes Hin- und Herrutschen auf dem Schreibtischstuhl brachte Hofner nur allzu oft zum Schmunzeln. *Dem entging ja wohl gar nichts!* Was für einen hervorragenden Diagnostiker dieser Mann abgäbe! Ob er jemals an eine psychologische Laufbahn gedacht hatte? Könnte das eigentlich nicht jeder fortgeschrittene Trader in Betracht ziehen?

Aber jetzt war Philip als Trader im letzten Stadium angelangt. Er wusste, welche handwerklichen Fertigkeiten im Trading gefordert waren. Er konnte sie einordnen, zielführend anwenden, hatte alle mentalen Höhen und vor allem die Tiefen als Trader miterlebt. Er hatte Erfahrungen gesammelt, sowohl mit sich als auch mit den verschiedenen Techniken, und er hatte gelernt, auf sich selbst zu reagieren. Jetzt war er an dem Punkt angelangt, wo nicht mehr das Handwerk, sondern einzig und allein sein Kopf und infolgedessen seine innere Ruhe für Gewinne und Verluste sorgten.

Dennoch – hin und wieder genügte das Eingehen eines Trades, ja oftmals nur ein Blick auf einen Chart, und es setzte, trotz der vielen Lehrjahre, bei Philip eine scheinbar nie enden wollende Flut von Fragen ein: *Was greift nach mir? Wer hat mich im Griff? Beherrscht mich der Chart, der Börsenverlauf im Allgemeinen? Oder ist es einfach nur schlichte Gier, der Lotteriegedanke, das Lauern auf die Millionen, den Riesen-hyper-mega-mehr-geht-nicht-Trade, den Monster-Trade? Klopfte mit jeder Marktbewegung, mit jedem Trade der Wunsch nach einem Luxusleben an und bat um Einlass? Warum war das Gängelband der Emotionen so eng, fest und vor allem kurz?*

Inzwischen kamen solche Fragen nicht mehr mit der Intensität von einst, aber von Zeit zu Zeit krabbelten sie dennoch in Philips Bewusstsein. Dann warf er gerne den Kopf hin und her, um die Gedanken abzuschütteln. Wo kamen sie bloß her? Es musste ein Reservoir komplexer Vorstellungen im Gehirn eines Traders geben, außerhalb des Bewusstseins, doch immer in der Nähe, jederzeit bereit zur Musterung und zum Aufmarsch auf der Bühne bewussten Denkens, aktiviert beim Anblick eines Charts.

Im Großen wie im einmal erfassten ganz dezidierten Kleinen hatte Philip seit Langem erkannt, dass nicht die fehlenden Antworten auf diese Fragen für Unruhe sorgten, sondern die Fragen selbst. Wer, wenn nicht der eigene Wille, musste Interesse daran haben, Disziplin zu erreichen, indem Aktionismus vereitelt wurde, Minustrades unterbrochen und irreführende Gedanken richtig herum dargestellt wurden? Doch wer verteilte eigentlich diese für Trader lebensnotwendigen Gedankenbrocken?

So vergingen die Wochen, Monate, Jahre, und das jämmerliche Bild eines Mannes – ein unters Joch gezwungener Riese, unter der Knute eines winzigen Chartverlaufs mit winziger Peitsche – beunruhigte Philip von Trade zu Trade mehr. Diese Vorstellung fraß sich wie Säure in sein Bewusstsein, und daher studierte Philip seine Gedanken seit Jahren immer aufmerksamer.

Philip war so versunken, dass er gar nicht bemerkte, dass Claudia, die gute Seele des Teams, mittlerweile im Büro eingetroffen war. Er spürte es nur am Duft ihres Parfums, der ihr bereits vorausgeweht war. Claudia war eine bemerkenswerte Frau. Sie trug eng anliegende Designerjeans, die ihren Hüften kecke Rundungen verliehen. Ihre frischen, weißen Blusen raschelten stets leise bei jeder ihrer Bewegungen, und die Absätze ihrer Schuhe waren so hoch, dass Philip sich regelmäßig fragte, wie sie darin gehen konnte, ohne sich die Füße zu brechen. Um ihren langen, schlanken Hals hatte sie oft ein buntes Seidentuch geschlungen. Als sie sich zu Philip beugte, um ihm ein Küsschen auf die Wange zu geben, streifte eine Strähne ihrer blonden, glänzenden Haare sanft seine Nase.

»Entschuldigt, dass ich zu spät komme«, zwitscherte sie und sah abwesend auf ihre Armbanduhr. »Es war irre hektisch heute Früh – ich musste so viele Leute anrufen, um sie über die große Neuigkeit zu informieren!« Sie seufzte. »Ihr habt ja keine Ahnung, wie stressig so eine Geburtstagsparty für eine Freundin sein kann. Riesen Organisation.« Dann ging sie hinüber zu Hofner, Sander und den anderen beiden Jungs, um sie ebenfalls mit einem Küsschen von ihren rot schimmernden Lippen zu begrüßen.

Claudia hatte die Männer fest im Griff. Sie hatte Kommunikation studiert und als Beraterin bei namenhaften Firmen gearbeitet. Sie war extrem schnell in allen Büroangelegenheiten und brachte von ihren Touren immer wieder irgendwelche netten Geschenke und Bücher mit. Vielleicht war ihre Arbeitsweise hin und wieder etwas unkonventionell, aber sie war sehr effektiv. Nicht nur die Männer im Büro, auch die Geschäftskollegen liebten Claudia. Sicherlich hatte schon der eine oder andere mindestens einmal darüber nachgedacht, wie sie ohne ihre Designerjeans und die weiße Bluse aussah, und was passierte, wenn sie mit ihrem Halstuch Traderhände an Bettpfosten fesselte, aber sie war tabu für die Männer. Ihr Freund hatte eine Silbermedaille in Karate bei den deutschen Meisterschaften errungen, was sogar Sander gewaltig beeindruckte. Sie war definitiv off limits.

Fünf Minuten vergingen, zehn. Philip blickte auf den offenen Trade. *Och, nee!* Die Periode seines 10-Minuten-Charts schloss innerhalb der Hoch-/Tiefspanne der vorherigen Periode. Also, Innenstab.

Philip bekam trotz seiner Erfahrung immer noch, wenn auch mittlerweile tief im Inneren, ein leichtes Zucken bei dem Gedanken, dass sein Rechner nach diesem imposanten Kursrutsch den Stopp aufgrund des Innenstabs nun auf die vorletzte Periode zurücksetzte, statt auf die letzte Periode nachzuziehen. Früher, vor Jahren, hätte er, rein aus dem Bauch heraus, den Trade abgebrochen, die Kohle erst einmal mitgenommen und wäre zunächst flat geblieben. Aber wie es oft ist im Leben: Kneifen galt nicht, und das insbesondere deshalb nicht, weil *er* es ja war, der einen *duplizierbaren* und somit *beständigen* Börsenhandel anstrebte. Denn um nichts anderes ging es in diesem Geschäft.

Aber was soll's, dachte Philip. Er handelte innerhalb eines markttechnisch definierten Trends die Bewegung zwischen dem ehemaligem *Punkt 3** und dem neuen *Punkt 2*. Somit musste er auf Innenstäbe – also jene Perioden, die es nicht schafften, mit ihrem Schlusskurs über dem Hoch bzw. Tief ihrer vorherigen Periode zu schließen – genau achten. Denn diese Konstellation von Bars selbst wiederum stellte auf der tieferen Zeiteinheit, beispielsweise Tickbasis, die Korrektur des dort intakten Trends dar. Wurde ein Bewegungsschub innerhalb eines Trends aufgeklappt, sprich in einer untergeordneten Zeiteinheit dargestellt, so wies diese Bewegung hier bereits eigene Trendeigenschaften auf. Daher galt es, den Stopp nicht heran-, sondern wegzuziehen. Sonst lief man Gefahr, dass die lebensnotwendige Korrektur innerhalb der Zeiteinheit, die unterhalb des Trades lag, als die des Trade zugehörige Zeiteinheit, den Trade unbegründet ausstoppte.

Beruhigt meldete sich Philip auf seinem privaten Laptop an und bekam über Outlook sechs neue Nachrichten präsentiert.

Von	Alran Guan
Betreff	No doctor visits, Viagraaaa
Erhalten	Gestern, Di, 23:21

Von	Steve
Betreff	Big Pick. CHVS. Stocks climbing as high 400 %.
Erhalten	Heute, Mi, 07:12

Von	Watch Guide
Betreff	Absolutely 100 % Rolex and Breitling
Erhalten	Heute, Mi, 08:45

Von	Trading-Meister
Betreff	Trend Super Geil 100 % Musterdepot
Erhalten	Heute, Mi, vor 12 Minuten

* Siehe Erläuterungen ab S. 97 ff.

Von	Amazon.de
Betreff	Amazon empfiehlt: DVD-Blockbuster unter 10 EUR – jetzt bei Amazon.de
Erhalten	Heute, Mi, vor 3 Minuten

Philip klickte auf die erste Mail: *Viagraaaa.*

Löschen.

Inzwischen wusste doch jedes Kind, dass die Schreibweise *Viagraaaa* oder so ähnlich ein ebenso dämlicher wie leider auch effektiver Versuch war, die Spamfilter dieser Welt zu umgehen. *Was soll's. Geht alles noch ohne Chemie.* Philip klickte weiter.

Aktie CHVS? Kaufen? 400 % in wenigen Tagen.

Gott, oh Gott. Auch heute würden wieder genügend Leute auf den Scheiß reinfallen und die Aktie kaufen, natürlich in dem Glauben, dass sie in einer Woche stinkend reich sein würden. Der uralte, wenngleich immer wiederkehrende schöne Effekt einer solchen Aktienempfehlung war, dass der versprochene exorbitante Kursanstieg sogar eintreten konnte, wenn nur genügend diesem Spam-Scheiß glaubten. Angebot und Nachfrage gleich Kurs. *Warum* auf einmal die Nachfrage nach der Aktie stieg – und sei es nur aufgrund einer beschissenen Spam-Mail –, interessierte keinen Kursmakler oder Börsenplatz der Welt. Viel Nachfrage gleich hoher Kurs. So viel zur einen Seite der Medaille. Hohes Angebot gleich Kursrutsch war die andere Seite, denn die Prozentreise ins Glück ging natürlich auch in die andere Richtung. Logisch! In einem illiquiden, hochgepuschten Wert reichten wenige Orders aus, und der Wert fiel in sich zusammen. Wurde dann halt doch nichts mit Pool und Ferrari.

Nächste Mail: *Rolex Watch.*

Klick. Papierkorb!

Moment – Philip schaute fix an sein linkes Handgelenk. Dort klapperte die echte. Schließlich muss man aufpassen, welche man nun in den Müll schmeißt. Warum falsch, wenn es auch echt ging? Philip schüttelte kurz das Handgelenk und ließ das gute Stück klappern. Seine schlichte Rolex zeigte sich unbeeindruckt von der billigen Konkurrenz und glitzerte sanft im Bürolicht. Philip hatte sie sich nach seinen ersten Super-Trades zu Beginn seines Praktikums geleistet, denn er dachte, das werde jetzt nur noch so laufen. *Na ja …* Auf alle Fälle mochte er die Uhr, und so manche Frau liebte sie ebenfalls. Zumindest die Verkäuferin im Supermarkt neulich, die ihn fast in den Lagerraum entführen wollte, war von ihr anscheinend beeindruckt gewesen.

Schließlich öffnete er die Nachricht von *Trading-Trend-Super-Geil-Signal*. Die Firma wollte ihn schon vor einer Woche darauf hinweisen, dass sie ein Musterdepot führte, das bis jetzt stolze 1020 % erreicht hatte. Philip überflog gelangweilt die Mail-Vorschau:

Wie wir aus 1.250 Euro binnen 21 Wochen nachweißlich 12.338 Euro gemacht haben. Lesen Sie mehr …

Wie viel Koks oder Hasch oder beides brauchte man eigentlich, um einen derartigen Stuss inklusive Schreibfehlern ins Netz zu stellen? Philip wollte dem »großen Tradingguru« so einen Werbemüll nicht durchgehen lassen, sonst glaubten die am Ende, ihr Scheiß sei eine Sensation, und dann litt er jahrelang Tag für Tag, weil er solchen Schwachsinnskram wie »In weniger als drei Monaten auf die Überholspur des Lebens« und weitere Glücksbotschaften nicht schnell genug aus dem E-Mail-Postfach gelöscht kriegte.

Klick. Grinsend drückte Philip den Antwort-Button.

Sehr geehrter Herr Peters,
mit Bedauern nehme ich tagtäglich zur Kenntnis, dass ich über wenig Geld verfüge und sehe daher den Börsenhandel als ein tolles Sprungbrett.
Mit Begeisterung und großer Faszination habe ich Ihre Werbemail (deren Zusendung – nur so ganz nebenbei bemerkt – zwar in mein Recht der freien Berufsausübung eingreift und nicht zulässig ist, da wir in keinerlei Geschäftsbeziehung stehen, laut LG Berlin, Beschluss v. 30.4.1999 – 15 O 277/99 sowie LG Berlin, Beschluss v. 13.7.1999 – 16 O 367/99. Ich drücke aber ein Auge zu und sehe von einer Unterlassungserklärung ab.) gelesen und bin mithilfe meines Taschenrechners zu dem Ergebnis gekommen, dass ich mit meinen 3.400 Euro Sparbuchguthaben bereits – nach Ihrer Rechnung – 346.800 Euro verdient haben müsste. Bei diesem Gedanken bekomme ich Schmetterlinge im Bauch. Gut, eigentlich bräuchte ich gar nicht so viel Geld, aber man soll ja einem geschenkten Gaul … Sie wissen schon.
Dennoch habe ich vor der Buchung Ihres Abonnements einige Fragen und wäre Ihnen dankbar, wenn Sie mir diese ausführlich beantworten könnten:

1. Wie sähe die Performance aus, wenn ich nicht seit Start des Musterdepots, sondern erst vor – sagen wir – zwei Monaten eingestiegen wäre?
Ich meine damit, dass ich einen Graph vermisse, welcher die Performance jedes Trades seit Auflegung des Musterdepots darstellt. Sie wissen schon, mir geht es um den Drawdown. Wäre doch schon gut, bevor man für

einen Newsletter stolze 500 Euro pro Monat auf den Tisch legt, nicht nur das Ziel zu sehen, sondern auch das »Wie« zum Ziel zu kennen. Womit es mich auch schon zur nächsten Frage drängt:

2. Welches Management wurde angewandt, um diese 1020 % zu erreichen? Ich bräuchte bitte einfach ein paar Kennzahlen. Sie wissen schon, so einen Tradereport. Also die Frage nach der Stabilität Ihres Systems.

3. Wie können Sie als Herausgeber der Signale davon ausgehen, dass ich als Nutzer Ihres Services *beständig* handele? Die Sache ist doch die, und der Fall ist der: Wenn Sie mich als Nutzer Ihres Börsenbriefs nicht mit unzähligen Zeilen, Hinweisen und Plakaten aufklären, dass das Moneymanagement irre wichtig ist, wie wollen Sie dann sicherstellen, dass ich nicht mal den einen Trade mache, dort verliere, den nächsten Trade auslasse, um meine Wunden zu lecken, dieser Trade wiederum den irren Profit bringt, ich daraufhin beim nächsten Signal wieder mitmache, dieses dann wieder in die Hose geht usw.?
Das ist doch wichtig, finden Sie nicht? Denn sonst wäre es ja durchaus möglich, dass ich, obwohl ich Ihren Brief abonniert habe, eine von Ihrer total abweichende Performancekurve habe.

4. Wie wollen Sie verhindern, dass ich, aufgrund meiner riesigen Depotschwankungen, völlig genervt Ihren Newsletter abbestelle, weil mir ja nie ausführlich erklärt wurde, dass ich auf keinen Fall mit unterschiedlichsten Beträgen handeln darf?

5. Können Sie einen Maximalverlust sicherstellen oder garantieren? Was mich gleich zur letzten Frage führt:

6. Wenn es stimmt, dass dieses Abo bereits von Zehntausenden zufriedenen Kunden gelesen wird, wieso kaufen Sie dann die von Ihnen empfohlenen illiquiden Aktien nicht bereits vor Erscheinung Ihres Signals?

Ich bedanke mich für die Beantwortung meiner Fragen schon im Voraus.

Sonnige Grüße
Philip

Ha! Die Kritik hat gesessen. Noch wusste Philip nicht, dass er bald eine Antwort erhalten würde – im fernen Bangkok. Obgleich die Mail nur aus sechs kleinen Fragen bestand, wusste er doch, dass es genau jene Fragen waren, welche die wenigsten Tradingneulinge interessierten und welche die wenigsten in ihrer ganzen Tiefe nachvollziehen konnten oder wollten.

Auch wenn es bloß ein Tropfen auf den heißen Stein war – aber wenn sich nur jeder zehnte genervte oder auch bereits geprellte Trader mal zu seinem Computer statt in die Arme des nächsten Gurus schleppen würde, um sich zu beschweren, dann sähe weltweit die Trading-Werbung schon ganz anders aus.

Wie vielen anderen Tradern fiel es auch Philip schwer, sich von den unablässigen Angriffen abzuschotten, die gegen das tagtägliche schwere Geschäft des seriösen, des echten Börsenhandels gerichtet waren. Sie kamen aus vielen Richtungen: Von so mancher Broker-Industrie, die riesige Werbekampagnen startete, um die Effektivität des Handelns als möglichst einfach darzustellen; von den Medien, die nie der Behauptung überdrüssig wurden, jede Bewegung erahnt zu haben und nachträglich interpretieren zu können; von Behavioristen, von Börsengurus, von den Horden der New-Age-Trader und von Börsenbriefanbietern, die um Konten und Hirne der Mühseligen und mit viel Geld Beladenen wetteiferten.

Oh! Amazon hatte sich auch gemeldet, sehr schön.

Klick!

Philip ließ den Kopf gegen die weißlederne Rückenlehne sinken und warf einen schnellen Blick auf seine halbierte Position im DAX-Future.

Name	Position	Traded	P/L Points	P/L	Time	Last Quote	Bid	Ask
FDAX	- 10 K	6808	+38	+9500 Euro	10:10:36	6770	6769,0	6770,0

Er betrachtete die Charts des Euro-FX-Future, des SMI-Future und des Bund-Future. Trotz ihrer Ausschläge erkannte er aus kurzfristiger Sicht kein Signal, das er bevorzugte. Philip schloss die Augen, hörte, wie ein Lieferwagen über die etwas entfernt von den Büroräumen liegende Straße rumpelte.

Er hatte zu Beginn seines Praktikums stets jene Trader immer verachtet, welche sich mit dem Spruch »weniger ist mehr« der Freiheit auf unendliche Marktbewegungen beraubten. Aber nun, seit Jahren des aktiven Handels waren die verschiedenen Märkte – ob DAX-, Dow-Jones- und Co.-Future, ob Aktie oder Zertifikat – für ihn nur noch Utensilien, die den in sich ruhenden und daher erfolgreichen Tradern Macht verliehen und auf der anderen Seite die Lust der Zocker-Gemeinde an emotionaler Unterwerfung befriedigten.

Philip bemerkte in letzter Zeit, dass seine Vehemenz gegenüber dem Ausgang jeder einzelnen Periode an Heftigkeit verloren hatte. Vielleicht war es früher lediglich das *aufgezwungene* Spiel, das ihm gefiel. Und vielleicht ehrte er mit dem erlernten Anti-Aktionismus über die Jahre auch sein eigenes Leben als Trader, dachte Philip. *Was hab ich denn sonst als Trader?* Was hat ein

Trader sonst, außer diesem wunderbaren, begnadeten Intervall der Charts und seinem eigenen Selbstbewusstsein? Wenn etwas geehrt und gesegnet werden kann, sollte es das sein – das kostbare Geschenk der bloßen Existenz der Börse. Zu verzweifeln, weil das Trading unendlich war oder weil es keinen höheren Zweck oder schon gleich gar nicht einen festen Entwurf hatte, empfand Philip mittlerweile als pure Undankbarkeit. Sich einen allwissenden Trader zu erträumen und jedem Trading-Guru endlose Kniefälle zu widmen, schien sinnlos. Und außerdem verschwenderisch: Warum all diese Energie an ein Phantasma, an ein imaginäres Trugbild vergeuden, wenn doch eigene Disziplin und Aktionismus jedem »Super-Super-Millionen-Handelssystem« dem grundsätzlich entgegenstünden? Besser war es, sich stattdessen Hofners Haltung zu eigen zu machen: »... sich einfach verneigen, den eleganten Gesetzen und Mysterien der Natur seine Reverenz erweisen und sich der Aufgabe des Nachdenkens über sich als Trader zu widmen.«

Dies waren keine neuen Gedanken für Philip – er hatte immer wieder von Hofner und Sander erklärt bekommen, dass alles im Börsenhandel endlich und dass selbst die eigene Selbstbewusstheit tagtäglich vergänglich war. Doch es gab Wissen und Wissen. Und die tagtägliche nahe Gegenwart eines einzigen unüberlegten, ruinösen Trades förderte sein Wissen. Nicht etwa, dass er weiser geworden wäre; es war nur so, dass mit den Jahren immer mehr das Wegfallen von Ablenkungen – Gedanken an immensen Reichtum, Prestige, Applaus, Popularität als Trader – ihm Stück für Stück ein unverfälschteres Bild des Börsenhandels bot. War ein derartiges Loslassen nicht die eigentliche Wahrheit im Trading, die nur niemals öffentlich gemacht wurde?

Philip warf einen Blick auf den kleinen Buddha, der neben seinen Bildschirmen saß und ihn anlachte, und freute sich auf den morgigen Flug. Er erinnerte sich, einmal gelesen zu haben, Buddha habe in seiner Erleuchtung erfahren, dass es für alles einen Ausweg gibt, nämlich das Loslassen von allem, was Leiden schafft. Der Mensch kann sich nur durch eigene Anstrengungen aus dem Kreislauf von Werden und Vergehen befreien, so in etwa lautete die Erkenntnis. *Passt ja gut auf den Handel.* Oder mit den Worten der Griechen: Alles in Maßen. Morgenland oder Griechenland – Philip musste kurz seine Positionen checken. Er schaute auf seine Bildschirme.

Hmpfh ...

Name	Position	Traded	P/L Points	P/L	Time	Last Quote	Bid	Ask
FDAX	-10 K	6808	+30	+7500 Euro	10:16:02	6778	6778,0	6779,0

Das sah nicht nach dem Trade aus, den er sich vorgestellt hatte. *Bah.* Der Markt schoss nach oben, stieg über die Hochs der letzten beiden Perioden.

Ring. Ring. Ring.

Die Position im DAX-Future war ausgestoppt. *Scheiße Herrgott, aber okay.* Das war zwar nicht gerade ein Volltreffer, aber er kam noch mit fünf Punkten Gewinn raus. Philip konnte nichts dafür, dass er ausgestoppt wurde – der Trade war okay, dennoch ausgestoppt. Schulterzucken. Wie hätte er das auch ahnen sollen? Solche Trades konnten und würden echt jedem unterlaufen. Ob ein Trade ins Plus oder Minus lief, konnte kein Trader beeinflussen. Alles, was er konnte, war, einen Trade zu schließen. Dies konnte jeder Trader zu jedem Zeitpunkt. *Klar.* Die interessante Frage, die Gut von Schlecht unterschied, lautete: Ab *wann* lag man falsch? Denn ihre Beantwortung konnte man nicht durch reines Beobachten von Profit oder Loss erkennen. *Ende der Durchsage.*

Philip prüfte die Taskleiste seines Rechners. 10:17 Uhr. Das tat er wirklich nicht jede Sekunde, obwohl er zugegebenermaßen ohne sie ziemlich aufgeschmissen gewesen wäre. Aber das wären alle Menschen, wenn man ihre Zeit in Sekunden- und Minutensegmenten messen würde, denn genau das war das Los eines jeden Traders: Sein Alltag war in Zeitspannen und Perioden unterteilt. Je nach der getradeten Zeiteinheit mal im 10-Minuten-, 60-Minuten- oder im Umlauf eines kompletten Tages. Nach beendeter Periode klingelte die Kasse. Oder sollte zumindest hin und wieder klingeln.

10:00 - 10:09	E-Mail lesen
10:10	Chart lesen
10:10 - 10:19	Telefonat mit Ron, einem Kollegen
10:20	Chart lesen
10:20 - 10:29	Verbesserungen an den Excel-Tabellen vornehmen
10:30	Chart lesen

Als Philip mit dem Börsenhandel anfing, fand er den Gedanken, dass er über den Kursverlauf zwischen Eröffnungs- und Schlusskurs einer Periode keine Rechenschaft ablegen könnte, gelinde gesagt erschreckend. Er dachte: *Wenn ich nicht den Verlauf zwischen Beginn und Ende einer Periode beobachte, bin ich dann als Händler die Kohle überhaupt wert, die aus diesem Trade resultiert?* So oder ähnlich dachte er immer wieder. Mittlerweile hatte sich diese Ansicht geändert. Je nach gehandelter Zeiteinheit – denn es gab da Ausnahmen – weigerte sich Philip inzwischen sogar, diese ständig mitzuverfolgen, beispielsweise gerade auf der 10-Minuten-Zeiteinheit. Vorteil dieses Verhaltens war, dass der Drang, den Ausgang der Periode vorwegzunehmen, unterbunden wurde.

10:30 -10:39	dumm aus dem Fenster schauen, den Vögeln beim Fliegen zuschauen
10:40	Chart lesen
10:40 - 10:49	davon träumen, Trader des Jahres zu werden

10:50	Chart lesen
10:50 - 10:59	versuchen, Nasenspitze mit der Zunge zu berühren
11:00	Chart lesen

Nun, die Wahrheit war, man gewöhnte sich als Trader daran. Man gewöhnte sich daran, den Tag in kleine Zeitabschnitte zu zerhacken. Und man gewöhnte sich daran, auch mal nichts getan zu haben, manchmal sogar den ganzen Tag lang. In Philips Handelsbüro wurden tatsächlich oft Däumchen gedreht. Da wurde aus dem Fenster geschaut und sich Tagträumen hingegeben. Da war die Zeit zwischen Eröffnungs- und Schlusskurs der jeweils betrachteten Zeiteinheit richtig viel wert. Es war die *eigene* Zeit. Man musste das so sehen: Wenn man in diesen Minuten oder Stunden bis zum Schlusskurs statt abzuwarten, aktiv die Marktverläufe verfolgte und sich daraufhin zu sinnlosen Trades hinreißen ließ, würde dies die Firma oft richtig Geld kosten. Ach, wie viele Trades landeten durch die Ungeduld der Trader zu früh auf dem Börsenfriedhof. Und wie viele Trades erblickten zu früh das Licht der Tradingwelt, nur weil man dachte, der Markt läge in den Wehen, die Periode werde drehen oder höher oder tiefer schließen. Wie gesagt, bei Philip im Büro war Däumchendrehen der Dauertagesbefehl, da man die Wirklichkeit wirklich real bewertete, statt sie zu antizipieren.

Philip sah gedankenverloren auf und verschluckte sich um ein Haar an seinem Wasser: Der Telekom-Techniker stand vor ihm im nichtssagenden grauen Anzug und sah ihn so durchdringend an, als wüsste er ganz genau, dass sein Trade gerade ausgestoppt worden war.

»Du kennst doch noch Herrn Farei, oder?« Claudia trat hinzu und deutete auf den Mann neben sich, der mit einem Werkzeugkasten bewaffnet auf seinen Kampfeinsatz am Büronetzwerk wartete.

Philip kannte ihn flüchtig, hatte ihn erst einmal gesehen. Aber das war egal, Hauptsache, der Typ war zuverlässig in seinem Job. Aber bereits beim ersten Treffen erschien er absolut humorlos, erinnerte sich Philip.

»Sehr schön, dass Sie kommen konnten«, sagte Philip. »Ich weiß ja, wie viel ihr Jungs immer zu tun habt.«

»Ach, kein Problem«, tönte Farei, während er ehrfürchtig auf die gerade frisch erschienene bunte Börsenzeitung - eine allwöchentliche, aber dennoch regelmäßig ungelesene Gratissendung - auf Philips Schreibtisch starrte.

Ein oft beobachtetes Phänomen war, dass, wenn man mit einer Börsenzeitung oder einer *Financial Times* einen Raum betrat, die Leute einen ernst nahmen. *Echt!* Wenn man eine Fachzeitung unter dem Arm hatte, konnte man über die dämlichsten Themen reden, ohne dass die Leute einen für beschränkt hielten. Sie glaubten dann vielmehr, man sei unglaublich informiert und vielseitig interessiert.

Viele Tradinganfänger lesen mit Begeisterung die Tops und Flops der letzten Tage oder Wochen, starren fasziniert auf im Nachgang eindeutig zu analysierende bewegungsreiche Chartverläufe, lesen begeistert über nicht alltägliche Kursanstiege oder Crashs. Aber die Wahrscheinlichkeit, etwas Ungewöhnliches durch die Zeitung oder das Internet zu erfahren, ist im Börsenhandel weit größer als die, es live innerhalb der eigenen Position zu erleben; mit anderen Worten: im Trading ereignet sich das Erstaunliche, oftmals Aufregende im Abstrakten und das Eigentümliche – auch Langweilige genannt – im Wirklichen.

»Sagen Sie, was halten Sie eigentlich von der Wahnsinnsneuigkeit von heute?« Farei deutete auf die Börsenzeitung. »Das war ja eine ganz schöne Überraschung, finden Sie nicht?«

He?

»Eh ... eine interessante Entwicklung«, sagte Philip lächelnd, um kurz Zeit zu gewinnen. Er sah sich auf der Suche nach irgendeinem Hinweis im Büro um – vergeblich. Niemand hörte zu. Sander am rechten Arbeitsplatz legte zwar sein Buch kurz beiseite und griff nach seiner seitlich am Tisch stehenden Wasserflasche. Er wischte sich kurz die Lippen ab, nahm das Buch wieder zur Hand, warf einen Blick auf seine Bildschirme, sah in Bruchteilen von Sekunden, dass keiner der von ihm beobachteten Charts sein Eingreifen erforderte, und las in aller Seelenruhe weiter. Das Ganze dauerte keine zehn Sekunden, die Handgriffe waren, ebenso wie die tägliche Taktik, die er Tag für Tag im Trading anschlug, Teil eines mechanischen Ablaufs geworden. Vom Gespräch zwischen Philip und Farei bekam er nichts mit.

Worum geht es? Sind die Zinsen erhöht oder ein Krieg erklärt worden?

»Also, ich muss schon sagen, ich fürchte, dass das für die Wirtschaft nicht gut sein wird«, fuhr der Techniker todernst fort. »Aber dazu haben Sie sicher Ihre eigenen Ansichten.« Er sah Philip begierig an und wartete auf eine Antwort.

Meine Güte, wovon redet der bloß? Philip schaute sich schon seit Jahren keine Marktberichte und Analysen mehr an, denn es hatte einen gewaltigen Nachteil, den Tradingtag mit so etwas zu beginnen. Zu viele Autoritäten, zu viele gewichtige Ansichten und Diagnosen verschatteten möglicherweise die eigene Findigkeit und Kombinationsgabe. Er und der Chart. Das war alles. Kein Dritter, der ihm noch windige Analysen ins Ohr säuselte. Trotzdem schwor sich Philip in diesem Moment, von morgen an die Zeitung wenigstens mal durchzublättern.

»Ich bin da ganz Ihrer Meinung«, würgte Philip schließlich hervor. »Ich fürchte auch, dass das für die Wirtschaft gar nicht gut sein wird.« Dabei sah er ganz wichtig auf seine Charts, nippte an seinem Wasser, klickte geschäftig in irgendwelchen Menüs rum und betete um ein Erdbeben.

»Haben Sie als Profi denn damit gerechnet?«, fragt Farei. »Ich weiß ja, dass ihr Trader uns Privaten immer um eine Nasenlänge voraus seid.«

»Ich … ja, doch, ich habe es kommen sehen«, erwiderte Philip, lehnte sich gewichtig in seinem Stuhl zurück und fand, dass er ziemlich überzeugend klang.

Farei nickte ernst, als sei jedes Wort, das Philip sagte, unglaublich wichtig. »Und jetzt auch dieses Gerücht darüber, dass die alle an einem Strang ziehen wollen!« Durchdringend sah er Philip an. »Glauben Sie, da ist was dran?«

»Das ist … das ist schwer zu sagen», entgegne Philip und trank einen ordentlichen Schluck Wasser. *Was für ein Gerücht? Herrgott, kann der nicht einfach anfangen, das Netzwerk zu reparieren? Herrgott noch mal, ich handle kurzfristige Minutencharts und T-I-C-K-C-H-A-R-T-S. Ticks! Ich hole einige Punkte aus dem Markt. Rein, raus … fertig. Was interessieren mich irgendwelche Gerüchte und fundamentaler Kram?*

Dann sah Philip zu Farei auf. Farei starrte ihn mit einem merkwürdigen Gesichtsausdruck an, als wolle er auf den Grund seines Hirns sehen. Philip schluckte kurz.

Mist. Der weiß wohl, dass ich keine Ahnung habe, oder?

»Claudia, Telefon!«, rief Hofner quer durch den Raum und hielt den Hörer in die Luft, »würdest du bitte …«

»Komme!«, erwiderte Claudia, machte auf der Stelle kehrt und ließ die beiden allein. Ein Hauch ihres Parfums wehte an Philips Nase vorbei, als sie an ihm vorüberlief. Philip fluchte innerlich. Jetzt war er allein mit Farei.

»Ach, sagen Sie, sehen Sie auch so ein hohes Kurspotenzial bis Ende des Jahres bei VW?« Der Kerl ließ einfach nicht locker.

»Ähm, ja.« Philip schluckte und verkroch sich in seine Menüs. *Mann, war das gruselig. Wovon redet der nur? Ich muss jetzt echt was machen.* »Ja, dann«, sagte Philip förmlich. »Ich muss hier was tun, da kommt grade Bewegung rein …«

Aber Farei war schneller und beugte sich seitlich an den Bildschirmen vorbei zu ihm. »FBD hat heute bekannt gegeben, dass sie die SDF übernommen haben«, flüsterte er, ganz leise, hinter vorgehaltener Hand, und deutete mit einem geheimnisvollen Blick die enorme Brisanz seiner Information an.

Natürlich, jetzt, wo er es sagt … FB – waaas hat SD – weeen übernommen?

»Oh, wow«, log Philip. Und bevor er noch etwas sagen konnte, ließ Farei seinen Blick wie eine Radarantenne im Büro umherschweifen und auf Philips Bildschirmen landen. Philip konnte sehen, wie der Servicemann den großen Chart auf dem mittleren Bildschirm fixierte, und hörte ihn förmlich im Geiste »tzzz, tzzz« sagen.

»Wie viel Prozent macht ihr Jungs denn so?«, fragte Farei herausfordernd.

»30 bis 35.«

Der Techniker schaute mitleidig. »Is' aber nich so viel!«

Is' aber nich so viel!, äffte Philip ihn in Gedanken nach. *Bla bla bla.* Da schaute er sich doch lieber seine eben eingegangene SMI-Position an.

Name	Position	Traded	P/L Points	P/L	Time	Last Quote	Bid	Ask
FSMI	+ 20 K	7311	+1	+200 SFR	11:08:19	7312	7311	7312

Philip hatte aber angesichts der Position und des Zeitdrucks – schließlich musste er heute früher nach Hause, um den Rest seiner Sachen zu packen, ein paar Telefonate zu erledigen und dann zu schlafen, schließlich rief Bangkok – keine Lust, dem Typen zu erklären, dass diese Prozente ein definierter Zielwert waren und nicht das Höchstmaß seiner Möglichkeiten. So schlau, wie Herr Telekom-Techniker tat, hätte er wissen müssen, dass ein Vergleich von Renditen an Terminmärkten ohnehin totaler Quatsch war.

»Dann können Sie mich ja sofort einstellen«, raunte der Techniker leise Claudia zu, die nach dem Telefonat wieder zurückgekehrt war und nun neben ihm stand. Auch der Duft ihres Parfums war wieder da. Es lag leicht in der Luft, setzte sich zart auf die Haut und prickelte sanft in der Nase. Philip war froh über ihre Rückkehr, sie konnte sich jetzt um den neugierigen Typen kümmern.

»Wie kommen Sie denn darauf?«, fragte sie retour in einem spitzen Tonfall und versuchte ihrerseits ohne Erfolg, Farei in Richtung Serverraum abzudrängen, da sie Philips Hilfe suchenden Augenaufschlag verstand.

Doch Farei gab nicht so schnell auf. »Nun, ich habe allein im letzten Monat 45 Prozent gemacht«, gab er stolz von sich. »45 Prozent!«

Philip schaute auf. »4-5-P-r-o-z-e-nt-? Nicht schlecht!« Die Position im SMI fiel in diesem Moment um fünf Punkte. »Wie lange handeln Sie schon?«

Farei nahm sich für die Antwort ein paar Sekunden Zeit, um die Spannung zu erhöhen. »Erst zwei Monate!«

»Zwei Monate?«

»Zwei Monate!« Farei nickte sichtlich stolz. Immerhin machte er in gerade mal acht Wochen mehr Rendite als alle hier im Raum innerhalb eines Jahres.

»Und was handeln Sie?«, fragte Philip geduldig, der das Ganze höchst lächerlich fand und nicht weiter über Fareis Anfrage einer Anstellung nachdachte.

»Ausschließlich CFDs. Alles andere ist doch Kindergarten.«

So, so … Kindergarten.

»Großes Konto?«

Farei kniff die Augen leicht zusammen, als müsste er gedanklich erst mal die vielen Nullen zählen. »Nun ja, denk schon.«

Also klein.

»Wie viele Märkte handeln Sie denn gleichzeitig?«

»Einen.«

»*Einen?* Wieso einen?«

»Ich hab nur *einen* abonniert.«

»... nur einen *WAS?*«

»Abonniert«, wiederholte Farei.

»Sie haben *einen CFD abonniert?*«, fragte Philip betont langsam und sah interessierte auf. »Heee?«

Farei merkte, dass er an Boden verlor, und lenkte ein. »Ich hab da so eine Veranstaltung besucht, auf der man alles erklärt bekam. Das gekaufte Programm generiert jeden Tag nur ein Signal.«

»Okay, Sie handeln *einen* Wert. Und wie viel Ihres Kontos packen Sie in diesen Wert?«

»Kommt drauf an. Meistens alles.«

Bingo ...

Philip schnalzte mit der Zunge und hielt das Gespräch nun wirklich für beendet. Farei hatte, wie so manch anderer Tradinganfänger, bei seinem Renditevergleich eines völlig außer Acht gelassen: Bei einem größeren Konto bedeutete eine Rendite von beispielsweise 35 Prozent ja eine ganz andere absolute Zahl als bei einem kleinen. Sicherlich würde es einen Kapitalgeber oder Fonds freuen, wenn Renditen von 300 Prozent bekannt gegeben würden. Aber die Freude würde nur kurz anhalten. Denn eine Frage würde sofort kommen: »Wie habt ihr das geschafft?« Nun – wenn jetzt die Kapitalgeber erfuhren, dass ihr Kapital mit hohen Positionsgrößen jedes Mal bis zum äußersten Limit ausgereizt worden war, dann würden schon die ersten Köpfe rollen. Und wenn die Kapitalgeber dazu noch den Kontoverlauf der letzten Monate zu Gesicht bekämen, würden sie nach der Devise verfahren: Rette sich, wer kann. Denn durch die zwischenzeitlichen Drawdowns, also die maximalen Rücksetzer im Kontostand durch Verlusttrades, würde immer das Bild einer höllischen Achterbahnfahrt entstehen.

»Wie viele Werte handeln Sie denn so?«, zog Farei das Gespräch wieder an sich.

»Zu guten Zeiten bis zu 150.«

»*H-u-n-d-e-r-t-f-ü-n-f-z-i-g-!?*« Farei blies die Backen auf. »Und trotzdem nur so wenig Prozente?«

Nicht schon wieder ...!

Rendite? Ja. Rendite um jeden Preis? Nein. Wenn ein Trader mit 2.000 Euro auf Hopp oder Top setzte, also auf Verdopplung oder auf »alles futsch«, dann mochte das noch in die Definition »Spielreiz« passen. Aber wenn Philips Handelsbüro oder ein vergleichbares mit 80 Millionen Euro Kapital den Kapitalgebern den Vorschlag unterbreitete: Alles oder nichts,

160 Millionen oder null – nun ja, dann durfte man sich über ungläubige Blicke nicht wundern oder über Kunden, die die Flucht ergriffen.

Zum anderen war es aber für ein Handelsbüro und die jeweiligen Händler so: Ein anteiliger Bonus beziehungsweise eine Gewinnbeteilung für eine Rendite, beispielsweise 35 Prozent im Jahr, fiel als absoluter Geldbetrag bei einem Millionenkonto immer noch höher aus als bei einer 500-prozentigen Rendite auf einem 10.000-Euro-Konto. Und was kam da noch hinzu? Der Unterschied im Hinblick auf Stress und natürlich, niemals zu vergessen: das Risiko. Diese beiden Faktoren öffneten einer Großzahl vermeidbarer Tradingfehler die Türen.

»Also echt!« Farei schüttelte verständnislos den Kopf und fügte dann mit missionarischem Eifer hinzu: »Sie müssen das mit dem *SRI-ARX* machen. Echt, dann haben Sie auch so viele Prozente.«

»Den *was*, bitte?« Philip ließ, während er redete, den Bildschirm nicht aus den Augen.

Name	Position	Traded	P/L Points	P/L	Time	Last Quote	Bid	Ask
FSMI	+ 20 K	7311	+6	+1200 SFR	11:11:51	7317	7317	7319

»SRI-ARX!«

»Wer oder was soll das sein?«

»Auf dieser Veranstaltung haben die mir einen *Indikator* an die Hand gegeben, mit dem man jeden Chartverlauf weich kochen kann. Man muss morgens bloß noch irgendwelche Linien in den Chart reinwerfen, ein paar Parameter hin und her schieben und abends hat man sich ganz bequem eine warme Mahlzeit verdient. Und ein paar Parameter hin und her schnippeln dauert doch sicher nicht lange, oder?«

»Das fragen Sie mich?« Philip fragte, ob Farei nicht einfach nur auf den Chart schauen wolle. Das sei nicht nötig, entgegnete dieser, heute werde man den DAX fallen sehen, und morgen werde er die 6500 erreichen. Sein Indikator habe es ausgerechnet. Stirnrunzelnd fragte Philip, ob Farei sich über ihn lustig mache. »Keineswegs«, lautete die Antwort. Der Mann schien felsenfest davon überzeugt zu sein, dass er das Richtige tat und alle anderen keine Ahnung hatten.

Hmpf.

»Sie machen wohl nichts mit Indikatoren?« Farei beäugte Philip vorwurfsvoll. »Ich will mich ja nicht einmischen, aber ohne Indikatoren ist das doch alles Quatsch ...«

Philip starrte ihn verständnislos an. *Alles Quatsch ...?* Der Mann hatte echt Nerven. Es war unfassbar. Er hätte seinem Zuhörer jetzt in aller Breite die Kluft zwischen Theorie und Praxis erklären können, doch das hatte wahrscheinlich keinen Sinn. Farei war zu überzeugt von sich und dieser dubiosen Veranstaltung, bei der er scheinbar quasi über Nacht das Trading gelernt hatte. Philip versuchte dennoch, ruhig zu bleiben. Stattdessen erwiderte er in aller Seelenruhe: »Berechnungen von super geheimen Indikatoren in Ehren, aber das hier ist keine Schulaufgabe, das ist Börsenhandel. Niemand kann Strömungen und Kursverläufe im Börsenhandel punktgenau voraussagen.«

Farei ließ sich jedoch nicht beirren: »Dieser Indikator sagt doch aber, dass der Markt heute fallen müsste!«

»Och, das macht nichts«, entgegnete Philip. Er war mittlerweile echt genervt. »Wenn das so sein sollte, werden wir es auf dem Chart sehen.«

»Chart? Nix Chart. *Indikatoren!!* Kommen Sie, ich zeig es Ihnen gern!« Farei brannte darauf, Philip zu überzeugen. »Das geht blitzschnell. Sie können doch sicherlich schnell den SRI-ARX reinbasteln?«

»Wir haben keine Indikatoren im normalen Handel«, entgegnete Philip so höflich wie möglich. »Wir lesen den Chart. Basta. Ist doch aussagekräftig genug.« Philip wollte sich auf kein längeres Gespräch einlassen. Warum auch sollte er dem Servicemenschen stecken, dass sein Büro zwar Indikatoren verwendete, diese auch für gut befand, allerdings unter völlig anderen Voraussetzungen und mit anderem Endziel – Stichwort halb- und vollautomatischer Handel?

»Aber Sie haben doch sicher schon vom SRI-ARX gehört?«, insistierte sein Gegenüber.

Hmpfh, langsam wird es anmaßend.

»Nein«, entgegnete Philip, ein wenig gereizt über dessen schockierte Miene. »Aber das macht nichts. Wir kommen echt auch so zurecht!«

»Also ...«, begann Herr Farei erneut und fasste zusammen: »Mir hat man beigebracht, nur mit den SRI-ARX und der Tricky-Linie zu handeln. Das war eine Wahnsinnsveranstaltung mit Hunderten von Leuten, und ich bekam ein tolles Abo. Ich habe schon fast fünfzig Prozent plus. Von dem ganzen Hokuspokus Chart lesen und so halte ich gar nichts.«

Für Philip war das reines Chinesisch. *Trick-Linie? SRI-ARX?* »Nun, uns hat man was anderes beigebracht«, entgegnete er äußerlich gelassen, noch immer um Höflichkeit bemüht.

Farei musterte ihn einen Augenblick wortlos, dann ging er endlich in den kleinen Raum, um am Server rumzubasteln. Zehn Minuten und einen kurzen Trade im DAX-Future später kam Farei mit dem Grund für die mittlerweile behobene Netzwerkstörung zurück. Seine Schritte waren laut, als würde er unachtsam über bereits erobertes Gebiet trampeln. Er hatte den Respekt vor dem Gegner verloren. Und der Grund für die Netzwerkstörung war genauso niederschmetternd für Philip: Ein beim Umrücken locker gewordenes Kabel hatte einige Rechner, die Drucker und das Faxgerät des Büros lahmgelegt.

»Echt Pech für Sie, dass Sie den Indikator nicht kennen«, sagte er dann und tätschelte mitleidig Philips Monitor. »Na, dann noch einen schönen Tag!«

»Es ist kein Pech«, knurrte Philip.

»Hey, fünfhundert Prozent im Jahr. Fünfhundert!«, sagte Farei verschwörerisch und wendete sich in Richtung Ausgangstür. »Überlegen Sie doch mal! Eine Schande, wenn ihr Profis euch mit weniger zufrieden gebt.«

Irgendwie erboste Fareis scheinbar nicht zu erschütternde Selbstgefälligkeit Philip nun doch. »Wieso ist es eine Schande?«, fragte er herausfordernd. »Wieso, bitteschön?« Kaum ausgesprochen, ärgerte sich Philip über seine Frage, denn damit ließ er sich schon wieder auf eine endlose Diskussion mit dem Techniker ein.

Doch Farei machte es kurz, musterte Philip, und seine Miene schien nur noch mitleidiger geworden zu sein. »Soll ich Ihnen mal die Website von dem Superindikator geben? Der ist echt zuverlässig. Glauben Sie mir. Gehen Sie mal auf so eine Veranstaltung. So mit Motivation und so ´nem Tamtam.«

»Nichts ist zuverlässig«, warf Philip nun dem Techniker an den Kopf. »Die Tabellen nicht, nicht die Computer, nicht einmal der Himmel, erst recht nicht die Börse. Man muss selbst so genau sein, dass einem die Unordnung nichts anhaben kann.«

Farei lächelte milde. Offenbar konnte er mit dieser Antwort gar nichts anfangen, was wiederum Philip in seiner Meinung bestätigte.

»... vielen Dank noch mal, dass Sie den Netzwerkfehler so schnell gefunden haben.« Claudia gab Farei hastig die geforderte Unterschrift und drängte ihn aus dem Büro.

Hofner, der das Ende des Gesprächs und Philips Argumentation mitbekommen hatte, munterte Philip kopfschüttelnd auf: »Es muss leicht für so jemanden sein, sich als Held im Börsenhandel zu fühlen, wenn man von Beginn an unempfindlich ist, in Kilometern denkt und gar nicht weiß, welche Fülle jeder Millimeter im Trading verbirgt. Du weißt, es gibt viele Leute, die alles wissen möchten, aber nichts lernen wollen. Aber um sich den Traum, vom Trading zu leben, erfüllen zu können, braucht man ein Prozent Talent und neunundneunzig Prozent Schweiß. So ist das. Jeder, der etwas anderes sagt, hat geerbt oder lügt.«

Philip grinste und machte sich an seinem Rechner zu schaffen. Ein Blick auf seine Position im SMI-Future verhieß zwar keinen riesigen Gewinn, dennoch war er zuversichtlich, dass sein letzter Arbeitstag gut ausklingen würde. Sein Stopp lag bei 7303, der aktuelle Markt eierte nun wieder bei 7317 rum. Der kürzlich entstandene und von ihm gehandelte Aufwärtstrend auf Tickbasis wollte zwar im Moment nicht so recht an Fahrt gewinnen, aber was nicht ist ...

Während Philip gelangweilt auf eine einsetzende Bewegung im SMI-Future wartete und den Stift zwischen den Fingern drehte, machte Hofners Rechner durch ein lautes Piepen auf sich aufmerksam. Hofner wurde am Tageshoch im Bund-Future eingestoppt.

Order Filled Long

FGBLJN08 200@114,13 Id=7461268.

Der Durchbruch durch das Tageshoch bei 114,12 hätte Hofner allein noch nicht zu einem Trade hingerissen. Was ihn faszinierte, war die Tatsache, dass an diesem Hoch auch ein größerer lokaler Hochpunkt des Aufwärtstrends – ein *Punkt 2* – lag. Somit trafen sich an diesem Punkt Marktteilnehmer verschiedenster Couleur. *Klasse!* So etwas brauchte ein Trader. Viele Marktteilnehmer eröffnen Positionen auf unterschiedlichsten Zeiteinheiten, andere werden ausgestoppt und sind teils auch bereit, die Positionen aufgrund des neuen Chartbilds zu drehen. Genau an solchen Punkten kann Bewegung, das Lebenselixier eines Trades, entstehen. Sieben Sekunden später meldete Hofners Computer sich erneut zu Wort.

Order Filled Sell

FGBLJN08 20@114,17 id=7468448.

Zufrieden nahm Hofner die Orderausführung zur Kenntnis: 8.000 Euro in sieben Sekunden. Hofner liebte diese Ausbruchs-Trades. Man brauchte viel Geduld, zu viel, würde ein Tradinganfänger sagen.

Vor vielen Jahren hätte Hofner in einem solchen Moment wahrscheinlich die Augen vor Glück geschlossen. Dieser herrliche Augenblick, in dem ein Trade durch einen einzigen Mausklick beendet wurde und all die wunderbaren Zahlen, die durch ihn ausgewiesen wurden, ihm gehörten! Wie ließ sich das beschreiben? Vielleicht so: Das war wie … mehrere Tage gehungert haben und sich dann den Mund mit gebuttertem Toast vollstopfen, wie aufwachen und sich darüber klar werden, dass Wochenende ist, oder wie guter Sex. Nichts anderes hatte mehr Platz im Kopf. Es war das pure, manchmal selbstsüchtige Vergnügen.

Zeitgleich bemerkte Hofner, dass die Währung GBP/USD nach unten durchstartete. Der schnelle Lauf des *Cabel*, so der Slangausdruck der Händler für diesen Wechselkurs, brachte Hofner etwas in Schwierigkeiten, immerhin fast 55 Pips innerhalb von drei Minuten, doch er schaffte es elegant, diese von Aktionismus geprägte Klippe zu umschiffen. Noch vor 25 Jahren hätte er diese Herausforderung willig angenommen und daraus wäre einer jener begeisternden Sinnlos-Trades entstanden, die das Trading des Anfängers so oft ausmachten. Der Markt machte zwar eine rasante Kursbewegung, aber das allein reichte noch lange nicht für einen Trade, denn es musste auch das Chartbild dazu passen.

Hofner setzte die Maus kurz ab, deutete eine Verbeugung an, ohne dass dies von den anderen Tradern wahrgenommen wurde, und genoss den spärlichen Beifall seines inneren Egos, welches nicht mehr nur damit beschäftigt war, Geld zu sehen.

Mittagessen wäre auch nicht schlecht, überlegte er, bevor er sich nach dem obligatorischen Betrachten der lokalen Hochs und Tiefs den Verlauf im *Cabel* durch den Kopf gehen ließ. Er ließ die schnelle Bewegung von nunmehr bereits 67 Pips weiterhin still und aktionslos an sich vorbeiziehen. Je schneller ein Markt fiel, umso rasanter wuchsen die Gewinne derer, die short waren. Einer von denen würde der erste sein, der seine aufgelaufenen Gewinne mitnahm, ungeachtet dessen, ob der Markt noch weiter fallen könnte, und so den Markt nach oben ziehen, sofort gefolgt vom Heer derjenigen, die es ihm wie die Lemminge gleichtaten. Resultat: Der Markt stieg wieder an. Ein Verständnis dieses Anstiegs und vor allem der daraus resultierenden Logik würde vielen für teures Geld verkauften goldenen Börsenregeln, allen gut gehüteten Geheimnissen selbsternannter etwaiger Super-Gurus und allen Super-Super-Super-Top-Börsenbriefen mit einem Schlag den Glanz nehmen. Denn während die einen diesen Anstieg als »Holla-der-Markt-dreht« deuteten, verstanden die anderen ihn gemäß seiner wahren Natur als pure, nackte, reine Korrektur. Eine Korrektur der vorherigen Bewegungen, ausgelöst durch Gewinnmitnahmen, dankend angenommen von jenen Tradern, die am Tribünenplatz des Handels auf ihre Kür in Richtung Trend warteten.

Idioten-Trades nannte man hier im Büro namentlich die Trades, welche auf eine laufende Bewegung hin noch platziert wurden, und ebenso waren Idioten-Trades die treffende Formulierung für jene Art von Trades, welche in Richtung einer Korrektur eröffnet wurden. Beide Arten sahen generell weder die Börsenhändler hier im Büro noch die in der professionellen Gemeinde gern. Der Tradinganfänger hingegen liebte sie so sehr, dass er diese Trades, trotz negativer Auswirkungen auf Konto und Psyche, ständig wiederholte und zur Folge den Spruch aller Sprüche hatte: »Immer, wenn ich in den Markt gehe, macht der Markt genau das Gegenteil von mir.« Es ist ein Phänomen, dass der Anfänger gern auf entstandene Bewegung aufspringt. Dabei vergisst er jedoch, sich in die bereits positionierten Marktteilnehmer hineinzudenken, welche durch die entstandene Marktbewegung möglicherweise bereits das gefunden haben, was der Anfänger gerade sucht – *den* Punktgewinn –, und dass diese Marktteilnehmer nun bereit sind, ihren bereits aufgelaufenen Gewinn zu realisieren, sprich ihre Position zu schließen. Der daraufhin korrigierende Markt wird unter Weh und Ach vom Tradinganfänger beäugt, die Position kurz drauf mit Minus geschlossen, wobei er auch hier wieder vergisst, sich in die anderen Marktteilnehmer hineinzudenken, welche nämlich ihrerseits den korrigierenden Markt dankend annehmen, sich nun erneut oder erstmalig positionieren und den Markt damit zurück in die Ursprungsrichtung treiben. Dies hat nun zur Folge, dass der Tradinganfänger sich gleich zweimal ärgert, zum einen, dass der Markt nun *doch* in die angedachte Richtung läuft, und zum anderen, dass ein Minus realisiert wurde, welches aus Sicht *jetzt* nicht hätte sein müssen, da die ursprüngliche Position nun bereits ein Plus aufgewiesen hätte.

Auf Hofners Bildschirm fiel das GBP/USD noch weitere acht Pips, um in den kommenden zehn Minuten dann langsam wieder um 36 Pips anzusteigen.

»Okay, okay, okay. Hör zu, du Drecksmarkt! ...« *So, jetzt reicht es mir aber.* Philip verschränkte demonstrativ die Arme hinter dem Rücken wie ein Soldat. »Tut mir leid, aber heute ist mein letzter Arbeitstag! Du wirst dich schon nach mir richten müssen!«, sagte er gekünstelt frostig. Es war wie verhext, sein SMI-Trade kam überhaupt nicht in die Gänge.

»Die Börse weigert sich einfach, deinen Trade ins Plus laufen zu lassen?«, lachte Hofner von hinten. »Tzzz.«

»Unfassbar. Ist die Börse nicht auch nur ein Dienstleistungsunternehmen? Was war denn bitte, mit ›der Kunde ist König‹?«, stöhnte Philip. »Ich meine, die Börse muss sich ja nicht unbedingt vor Freundlichkeit überschlagen, aber wenigstens mal *ein* positiver Trade am Tag muss einem doch zugestanden werden!«, flunkerte er, schnappte sich seinen Stift und ließ ihn zwischen zwei Fingern über dem Schreibtisch baumeln. »ICH. WILL. DASS. DER. MARKT. STEIGT.«

... 7320; ... 7319; ... 7321

Der Chart blieb einfach stehen, wie festgefroren. »Hallo!«, sprach er zum Spaß den aktuellen Bar direkt an. »Verstehen du denn nicht? *Ich* Trader! Du *scheiß* Candle! *Du steigst*! *Ich* Plus! Hast du's jetzt kapiert?«

Keine Reaktion.

... 7320; ... 7320; ... 7321

»Hör zu, ich rühr mich keinen Zentimeter hier weg«, zischte Philip, »bis du nach oben rutschst. Klar?«

Nichts.

Das darf doch nicht wahr sein! Absolut lächerlich!

»Du musst den Markt bestechen!«, empfahl Sander mal eben und steckte die Nase sofort wieder in sein Buch.

Philip wühlte in seiner Hosentasche nach einem Fünfzig-Euro-Schein und klatschte ihn auf den Schreibtisch. »Hier ist ein netter Schein als Bestechung! Kann ich jetzt endlich meine Long-Position mit Plus eindecken?«

Null Reaktion. Philip beäugte den Fünfziger und richtete dann den Blick wieder auf den Chart. *Nicht zu fassen, was ich hier mache. Ich besteche die Börse.* Er klatsche noch einen zweiten Fünfziger neben seine Tastatur. »Und jetzt?« Ein kleines Zucken ging durch die Time & Sales-Liste des SMI-Future. Der Markt fiel um drei Punkte. Für Philip und seine zwanzig Kontrakte hieß das ein Minus von 600 SFR. *WAAAS? Unglaublich.* Somit war er inklusive Bestechung circa fünfhundert Euro los. *Toller Scheiß.* Die Börse war halt doch unbestechlich. Wieder eine Lektion gelernt!

Pfffh.

Pikiert griff Philip nach den beiden Scheinen und ließ sie wieder in der Tasche seiner Jeans verschwinden.

»Danke«, knurrte Philip die letzte Periode an. Scheinbar verstand sie das nun, denn die Dramatik im Chartverlauf der kommenden halben Stunde nahm Philip so gefangen, dass er seinen knurrenden Magen vergaß. Das war nicht ungewöhnlich, jeder Trader kannte die wunderbaren, aber auch seltsamen Kräfte, die der Atmosphäre eines Live-Chartverlaufs eigen waren.

Nachdem Philip einen Trade im DAX-Future beim Durchbruch durch das Tagestief auf Tickbasis und den noch offenen Trade im SMI-Future mit einem kleinen Plus erfolgreich beendet hatte, schnappte er sich seine Jacke. Ein Blick auf die Uhr.

Verflixt!

»Wir kommen zu spät zum Mittagessen!« Philip hatte eigentlich kaum Zeit für eine Mittagspause, aber abgemacht war abgemacht. Er hatte tatsächlich die Fragen nicht zu Sanders und Hofners Zufriedenheit beantworten können. Wie erwartet. Dieses Mal hatten sie ihn dabei erwischt, dass er definitiv zu wenig Wasser trank, um in dem feuchtwarmen Klima von Bangkok fit zu bleiben. Er war nicht entspannt genug, um am Strand zu liegen und die Sonne und zierliche Thailänderinnen anbeten zu können. Und er war mit seiner Unausgeglichenheit definitiv ein ausgesprochener Härtefall für das ruhige Leben in Asien.

Philip sprang zur Tür, vorbei an Claudia. Aus den Augenwinkeln erspähte er Hofner und Sander. Die beiden anderen Kollegen aus dem Büro wollten Asiatisch vom Lieferservice, die blieben außen vor.

»Los jetzt, hopp!« Claudia und Sander rappelten sich auf.

Hofner sah auf den Tickchart. Wie töricht, zu bedauern und zu beklagen, dass man hier und jetzt oder in vergangener Zeit die Gelegenheit zu diesem oder jenem Trade oder Gewinn ungenutzt gelassen hatte! Was hätte man denn jetzt mehr daran? – Die dürre Mumie einer Erinnerung. Ein Trader verpasste zu viel von dem, was das Trading zu bieten hatte, wenn er nie Trades weglassen konnte und als Außenstehender an den allgemeinen herzhaften Belustigungen im Börsenhandel teilnahm. Hofner stand auf, ohne den Chart noch eines einzigen Blickes zu würdigen, und nahm sein Handy. »Auf geht's.«

*

Als Stammgäste wurden sie bei ihrem Lieblings-Italiener in der Nähe des Büros von Valerio, dem Küchenchef, beim Eintreten lautstark begrüßt. Das Restaurant war zur Mittagszeit nie zu voll, sodass sie sofort Platz fanden und sich dabei auch noch unterhalten konnten. Es war eine gemütliche Pizzeria, mit Bildern von Rom, Mailand und Neapel an den Wänden, in einer Ecke stand ein Regal mit Weinflaschen aus allen Weinregionen Italiens, und die Säulen und Fenster erinnerten an die Villen und Paläste aus der Zeit Cäsars. Valerio behauptete, aus Kalabrien zu stammen und der Ururenkel eines sizilianischen Mafiaoberhaupts zu sein, aber wenn man genau hinhörte, klang sein Akzent eher deutsch als italienisch, und er kochte viel zu gut und lecker, als dass man ihm seine kriminelle Herkunft abnahm. Aber jeder neue Gast verstummte erst einmal, wenn er diese Geschichte hörte, und betonte am Ende noch einmal besonders das leckere Essen und den ausgezeichneten Service, nur um auf Nummer sicher zu gehen.

Philip und Claudia bestellten das Übliche: Fettuccine Mare. Sander war nach Salat, Hofner nach Pizza zumute. Zum Nachtisch wollten alle Valerios Spezialität: das Tiramisu.

Sie scherzten und alberten ein bisschen herum, und ehe sie es sich versahen, waren sie in eine angeregte Unterhaltung über alles Mögliche vertieft. Bei der Schilderung von Philips letztem Horror-Trade im Öl lachte Sander Tränen.

»Oh nein!« Philip legte zum Spaß stöhnend das Gesicht in die Hände. Um es kurz zu machen: Philip war vor Tagen short im Öl und jedes Mal zusammengezuckt, wenn sein Stopp fast geholt wurde. Rolf, ein Mitarbeiter aus dem Büro in der ersten Etage, hörte Philip jedes Mal »Ach du liiieber Himmel, ach du liiieber Himmel!« quieken.

Philip kam daraufhin auf den Zufall zu sprechen, dem Feind und Freund aller Trader, den er einst als Anfänger immer habe besiegen wollen. Aus der Nähe betrachtet, warf Hofner dann ein, sah man hinter jedem Trade die unendliche Feinheit des Kausalgewebes von Chart- und Markttechnik und demnach das Zusammenspiel von Orders, Bewegung und Korrektur. Trete man weit genug zurück, offenbarten sich die großen Muster. Regelwerk und Zufall seien eine Frage der mittleren Entfernung, eine Sache des Abstands. Ob das je ein Trader verstehen werde?

Inzwischen hatte Valerio die großen Teller mit Verbeugung serviert. Der Duft des Essens zog verführerisch in die Nasen der vier am Tisch, so dass sie sich sofort darauf stürzten.

Während sie ihr Essen genossen, unterhielten sie sich über alles Mögliche – die Übernahme der CBOT in Chicago, die neue Bar, die demnächst um die

Ecke eröffnen würde, und natürlich über Philips bevorstehende Reise.

»Und du glaubst wirklich, dass sich der Aufwand lohnt?«, fragte ihn Claudia schließlich mit großen Augen. »Die sind doch bis jetzt da drüben auch ohne mechanisches Handelssystem und Schnickschnack zurechtgekommen.«

Philip schenkte ihr sein entwaffnendes Lächeln. »Oh ja, davon bin ich überzeugt. Wie gesagt: Bevor sie zwei neue Händler einstellen, wollen sie lieber erst mal prüfen, was ihnen die Rechentechnik und die Software abnehmen können. Vielleicht sparen sie sich so den Aufwand, neue Händler anzulernen.«

Claudia seufzte ergeben und ignorierte lässig die Flirtversuche eines unscheinbaren jungen Mannes am anderen Ende des Lokals. »Du Glückspilz, ich beneide dich! Ich könnte auch paar Wochen Sonne und Strand vertragen.«

»Ja, das wird bestimmt toll.« Philip wischte sich mit einer Serviette den Mund ab und schob seinen Stuhl ein Stück zurück. »Zum anderen werde ich mir mal Stan vornehmen.«

»Und dass du ja John von mir grüßt. Ich geb dir auch noch eine Kleinigkeit mit für seine Frau«, erinnerte Hofner.

Vor rund zwanzig Jahren hatte Hofner John Durham kennengelernt, einen schlanken, gut aussehenden Mann mit gesunder Gesichtsfarbe, damals Anfang vierzig. Sie wurden Freunde fürs Leben, hatten bereits einmal gemeinsam die Welt umsegelt und im Börsenhandel mehr gesehen als die meisten anderen Trader. Beide, Hofner und John, erzählten gern von Schieflagen, aber auch von grandiosen Profits, von überaus höflichen Marktbewegungen, von Tagen, an denen der Chart so klar war, dass man meinte, über einem Bilderbuch zu schweben, und von stürmischen Handelstagen, so heftig, dass man nicht zu beten wagte. Tiefsinn umgab John wie ein feiner Nebel. Er habe zu viel im Börsenhandel gesehen, sagte er. »Du findest kaum mehr Schlaf, die Erinnerungen an deine vergangenen Trades, die Gewinne und Verluste sind zu stark«, warnte er jeden Tradinganfänger, der nach einem Ein-Tages-Seminar oder auf Messen mit einer Kontoeröffnung in der Hand rumwedelte. Man müsse einen Tradinganfänger ein halbes Jahr an einem Stuhl vor einem Chart festbinden. Aber traden dürfe er nicht. Wenngleich … hin und wieder auch das nichts bringen würde: Ein Tradinganfänger müsse es so verstehen, dass es nichts hilft, sich an den Mast zu binden, denn auch als Davongekommener erhole man sich nicht von der Nähe des Fremden. Eben davon handele das Geheimnis von Odysseus und den Sirenen. Daher meinte er immer, dass die edelste Stütze im Trading die Gabe zur Selbstbeobachtung sei und die Reaktion auf sich selbst.

Sander verputzte die Reste seines Salats, während er mit Philip über einige

Highlights von Bangkok fachsimpelte – den Wat Po etwa, ein Tempel aus dem 17. Jahrhundert, somit älter als Bangkok selbst, oder die faszinierenden königlichen Barken, einundfünfzig wundervolle Boote, alle verziert mit atemberaubenden Schnitzereien, Lackierungen und Goldarbeiten. Abends, so Sander, müsse Philip unbedingt über den beliebten Suan-Lum-Nachtmarkt an der Wireless Road schlendern.

In diesem Moment klopfte jemand Philip von hinten auf die Schulter. Er drehte sich um und erblickte am Nachbartisch neben zwei Fremden ein bekanntes Gesicht.

Moment mal. Ist das nicht ...?

Philip kannte den Mann. Auf einmal fiel es ihm wie Schuppen von den Augen. »Mpfff ...« Er verschluckte sich so, dass ihm beinahe das Wasser aus der Nase schoss.

Das war Ecki! War das die Möglichkeit? Diese dunklen Augen, der Dreitagesbart. Die coole Brille fehlte, aber es bestand kein Zweifel: Er war es, hundertprozentig.

»Was machst du denn hier?«, stieß Philip freudig überrascht hervor. Schließlich hatte er Ecki, einen privaten Trader, seit mehreren Monaten nicht mehr gesehen, nachdem dieser das Handelsbüro nach etlichen Wochen des Coachings verlassen hatte.

»Hallo, ihr vier«, erwiderte Ecki und fuhr sich mit der Hand durch die dunklen Haare.

»Ähm. Hi!« Hofner grinste zurück.

»Was macht der Handel?«, fragte Philip die Standardfrage zweier Händler, während er in seinen Nachtisch piekste.

Stille.

»Börse? ... Hab ich hinter mir gelassen. War nicht das Richtige.«

»Heee? Wie jetzt ...«, sagte Philip verwirrt.

Ecki legte den Kopf schief und musterte Philip mit Befremden. »Hab's nicht hinbekommen«, brummte er. »Alles verloren.«

Philips Kinnlade klappte nach unten.

Neiiin! Sollte das etwa ...?

Das darf nicht wahr sein!

Ecki pleite? »Red kein' BLÖDSINN!«, platzte es aus Philip heraus. In Philips Kopf herrschte plötzlich gähnende Leere.

Hofner nahm den losen Gesprächsfaden auf: »Übertradet?«

Ecki nickte und zupfte verlegen am Kragen seines beigefarbenen Hemdes. »Kam da in so eine Spirale rein ...«

Himmel!

Philip hörte die Anspannung und gezwungene Beiläufigkeit in Eckis Stimme. Doch er ließ sich nicht täuschen; die Worte »... kam in so eine

Spirale rein …«, gesprochen von einem gestandenen Mann Mitte vierzig, gaben irgendwie Grund zu großer Besorgnis. *Sie waren der Code für eine potenzielle, schwierige, hinter sich gelassene Zeit, für den einmaligen Zeitpunkt, an dem ein sorgenfreies Leben geendet und sich eine Verlustserie sondergleichen materialisiert hatte.* Des Traders Tod war gekommen, um zu bleiben, er wich nicht mehr von seiner Seite, und all die Schrecken, die folgten, waren vorhersehbare Nachwehen bis zum letzten Atemzug und Trade.

»Ist wohl nicht so gut gelaufen?«, stotterte Philip.

»Nicht gut?«, wiederholte Ecki Philips Frage mit müder Ironie. »Alles verloren. Bin pleite. Konto hinüber. Familie hinüber. Haus weg. Na ja … halt das volle Programm.« Man konnte sehen, dass die hervorgekramte Zigarettenschachtel und das umständliche Zigarettenanzünden ihm helfen sollten, seine Gefühle wieder unter Kontrolle zu kriegen.

»Du rauchst?« Philip erinnerte sich, dass Ecki ein absoluter Gegner hiervon war.

»Tja, das Rauchen hatte ich damals zur Geburt unserer ersten Tochter aufgegeben, aber nachdem meine Frau vor einigen Monaten mit den Kindern ausgezogen ist …«, seufzte Ecki, ließ den Rest des Satzes offen im Raum stehen und genoss den warmen, erdigen Geschmack des Tabaks.

Philip war geschockt. *Geld weg, Frau weg?* Das gefiel ihm nicht. Ganz und gar nicht. Er blickte kurz zu Ecki hinüber. Was er sah, war ein gebrochener Mann mit hängenden Schultern. Und Philip wusste: Es gab nur zwei Sachen auf der Welt, die einen Mann brechen konnten, entweder eine Frauengeschichte oder das Geld. Was, wenn also an diesen ganzen Worten von *Pleite und Familie kaputt* etwas Wahres dran war? Philip hatte ein flaues Gefühl in der Magengegend. Und … okay, Philip wollte ehrlich sein – nicht nur wegen Ecki. Was bedeutete diese Neuigkeit für ihn? Für ihn als Trader?

»Wie meinst du das – *übertradet?*«, wollte Philip wissen und erhielt als Antwort von Hofner prompt einen Tritt gegen das Schienbein. Sicherlich konnten so ein paar fragende Worte, an der rechten Stelle eingestreut, für einen Trader fruchtbar wie lockere Gartenerde sein, aber zu diesem Zeitpunkt wirkten sie wie ein Häufchen Erde, das einer versehentlich an den Schuhen ins Zimmer getragen hatte.

Frag besser nicht, sagte Hofners Blick, als sehe und wisse er etwas, was Philip selbst nicht erkannte. Hofner schaute auf die Uhr und klatschte in die Hände. »Wir müssen los! Der Markt ruft.«

Puh. Verlegene Stille. *Nun komm schon, Ecki, sag etwas,* dachte Philip. Ecki brachte das Stichwort aber sichtlich durcheinander, denn er sog mehrmals schnell und heftig an seiner Zigarette, warf den Stummel dann achtlos in den Aschenbecher und ließ ihn dort einfach verglimmen, ohne ihn auszudrücken. Philip war froh, dass genau in diesem Augenblick die Bedienung an den Tisch kam, um abzukassieren. Er hätte jetzt nämlich nicht mehr weitergewusst.

Als Hofner, Sander und Claudia schon in Richtung Ausgang gingen, sagte Ecki zu Philip, dass er es ihm später mal erkläre, deutete dann auf die beiden Bekannten an seinem Tisch und widmete sich wieder deren Anwesenheit.

Jedem Tradinganfänger passierte es mal, dass er ein Konto plattmachte. Aber Ecki war kein Anfänger. Er tradete seit drei Jahren, hatte alle möglichen Seminare besucht und war sogar drei Monate so eine Art Praktikant in Philips Handelsbüro gewesen. Das war nun einige Monate her. Man hatte sich dann leider aus den Augen verloren, bis zu der Begegnung heute. *Was hatte ihn wohl in den Ruin getrieben?* Philip ging die letzten krassen Börsenereignisse durch: Hatte er einen Trade in einer dieser Bankaktien, die in die Bankenkrise verwickelt waren? Hatte er vielleicht eine Schieflage im Öl, das in letzter Zeit so massiv angestiegen war? Oder war er short im Euro gewesen? Philip grübelte, welches Ereignis in der Welt einen Trader ruinieren konnte, wenn dieser sich an eine *vernünftige* Positionsgröße hielt. An sich keines, es sei denn, der Trader haderte mit dem Stopp und dessen Einhaltung. Wie es Philip auch drehte, er kam nur auf zwei mögliche Begründungen für Eckis Ruin: Entweder waren die Positionen zu groß gewesen oder der Stopp zu weit oder beides zusammen.

Au Mann!

Philip verabschiedete sich von Ecki und zahlte fix am Tresen die Rechnung. »Ach du Scheiße ... Was war das denn?«, platzte Philip vor dem Restaurant los. Sander gab ihm einen kräftigen Klaps auf die Schulter. »Pass nur auf, dass dir das nicht passiert!«

He?

»Wieso hast du mich vorhin unterbrochen?«, fragte Philip an Hofner gewandt.

»Na, hör mal, würdest du antworten, wenn mehr als zwei Leute dich gebannt anschauen und du sagen sollst, wieso dir deine Frau weggelaufen ist und du dein Konto geerdet hast?«

»Der Börsenhandel schafft es, dass die Frau wegläuft? Schon krass!«

»Klaro«, prustete Claudia hervor und unterstrich ihre Bemerkung mit einem Pfiff.

Philip überholte sie. »Was meinst du denn damit?«

»Na, manch eine Frau sitzt auf einem sinkenden Schiff, sobald ihr Mann mit dem Börsenscheiß anfängt!«

»... einem *Schiff*?«

»Ja«, sagte Claudia achselzuckend, als sei dies das Klarste in der Frauenwelt.

»Du würdest dich also nie mit einen Trader einlassen?«, hakte Philip nach, nachdem ein knatterndes Mofa an ihnen vorüber war.

»Nicht, wenn er noch aktiv ist«, kicherte sie. »Wenn er nicht mehr traden muss, dann schon ...«

»Wie jetzt?«

»Ein Kerl ist zu Beginn des Tradings besonders unfähig, einer Frau zu geben, was sie braucht, weil er mit der Fracht vergangener Trades und den Achterbahnfahrten des Kontos so schwer beladen ist. Okay? Er ist ein sinkendes Schiff. Er geht unter. Deshalb trennt sich so manche Frau. Springt über Bord, um loszuschwimmen.«

»Wow ... du hast wohl heute morgen noch fix eine Psychologie-Vorlesung besucht?«, meinte Philip kopfschüttelnd und blickte skeptisch, während Sander sich vor Lachen den Bauch hielt. Ihm war zu Beginn seiner Karriere tatsächlich mehr als eine Frau davongelaufen, daher wusste er, was Claudia meinte. Erging es doch seiner damaligen Frau einst auch so, dass er abends nach einem misslungen Tradingtag lustlos im Essen stocherte und selbst ein Glas 86er Château Mouton-Rothschild ihn nicht aufheitern konnte. Es war ganz klar: Langfristig musste der Börsenhandel so gelebt werden, dass nach einem gescheiterten Trade das Essen abends genauso gut schmeckte wie nach einem immensen Gewinn. »Wenn der Handel sich auf die Geschmacksnerven – in jeglicher Hinsicht – legt, dann läuft was falsch ...«, murmelte Sander vor sich hin.

»Eine Frau merkt«, kicherte Claudia mit erhobenen Armen, »wenn ihr Lover mehr in der Chartwelt als im Hier und Jetzt mit ihr lebt, und sie spürt, dass er beim Untergehen eine mächtige Woge erzeugen wird. Daher wird eine kluge Frau so schnell und kraftvoll wie möglich wegschwimmen.«

»Das ist das Entscheidende«, unterstrich Sander Claudias Worte. »Über uns Tradern schwebt immer ein Todesurteil – ich weiß, es gibt fröhlichere Verlautbarungen. Aber – wie gerade vorhin bei Ecki live zu erleben – dass es bei einem befreundeten Trader beglaubigt, abgestempelt und sogar datiert wird, gibt einem schon ein mulmiges Gefühl.«

Philip nickte stumm, denn Sander hatte den Finger genau auf die wunde Stelle gelegt. Im Restaurant war es Philip vorgekommen, als würde er mit jemandem sprechen, der eine lebensbedrohliche Krankheit hatte – jeder weiß, wie schwierig so etwas ist. Die Leute haben dann die Tendenz, leise zu reden; sie wissen nicht, was sie sagen sollen. Man fürchtet den Kontakt mit Schwerkranken, weil man nicht mit dem Tod konfrontiert werden will.

Die vier überquerten die Straße in Richtung des Parks, vorbei an den beiden kleinen Teichen. Es war so friedlich hier im Park, nichts zu spüren vom Trading-Alltag. Vögel zwitscherten in den Bäumen und Hecken, Enten zogen langsame Spuren über das glatte Wasser der Teiche. Hand in Hand spazierten

Liebespaare vorüber, ein paar Mütter schoben ihre Kinderwagen über die Kieswege, sodass es leise unter den Reifen knirschte. Ein paar sonnenhungrige Büroangestellte hatten sich auf der Wiese niedergelassen, ihre Blusen- und Hemdsärmel hochgekrempelt und genossen die Sonnenstrahlen, bevor es wieder an Computerbildschirme, Tastaturen und klingelnde Telefone zurückging.

Hofner ließ sich ein Stück zurückfallen, beobachtete die drei, wie sie noch weiter herzhaft über den Einfluss des Tradings auf eine Beziehung debattierten, kramte ein Stück Weißbrot hervor, das er aus dem Restaurant mitgenommen hatte, und brach es in kleine Teile. Als wüssten die Enten, dass Hofner an sie dachte, schnatterten sie ihm schon entgegen. Hofner beobachtete mit Freude, wie die kleinen Viecher gierig und gefräßig um jeden Krümel kämpften. Als alles verteilt war, nahm er seinen Stift und sein kleines Notizbuch aus der Brusttasche und kritzelte im Stehen:

... Treffen Ecki 12:54 Uhr

... je besser ein Tradinganfänger die wahrhaft grässliche Natur seiner Trades erfasste, desto mehr erschien ihm das Trading als eine gefräßige Kreatur, die ihre Fänge tief in die Psyche eines Traders schlug. Wie erschreckend zu erkennen, dass er plötzlich nicht mehr die höchste Lebensform war. Er diente nur noch als Gastgeber, war Nahrung für das Verlustmonster. Handlanger für einen perfekt angepassten Feind, dessen verwirrende Gedanken ein schwindelerregendes Minus ergaben; eine Psyche, die einen Blitzkrieg führte und gedankliche Kreuzzüge kämpfte ...

Dieser und andere Notizzettel wanderten regelmäßig in ein großes braunes Heft, dem Hofner den Titel »Das Leben als Händler« gegeben hatte. Jeder erfahrene und nachdenkliche Trader hat so ein Tagebuch. Es handelt eigentlich von nichts und kommt überhaupt nicht voran, denn jeder Tag ist anders. Jeder Tag verschieden. Das Schreiben, sagte Hofner einmal, erscheine ihm als Königsweg, um auch das Flüchtigste im Trading der Gegenwart für die Zukunft festzuhalten.

Dann holte Hofner die anderen wieder ein, und sie betraten einen prächtigen, in der Spätrenaissance angelegten, kopfsteingepflasterten Innenhof. Über von stattlichen Pilastern unterteilten Arkaden erhoben sich zwei Geschosse mit großen Fenstern. Hier befand sich ihr Büro. Es war ein pompöser Bau, dem man von außen gar nicht sein modernes und geschäftiges Innenleben ansah. Früher hatten sich hier blaublütige Generäle und Geheimräte über das Wohl und Wehe der abendländischen Welt unterhalten, jetzt herrschten Zahlen und Charts in den Mauern des Gebäudes.

Philip spürte, wie sich nach dem kurzen Treffen mit Ecki ein schwarzer Vorhang des Selbstzweifels über ihn senkte. Rasch versuchte er sich abzulenken, indem er seine Aufmerksamkeit dem Chart zuwendete. Trotzdem konnte er seine Gedanken nicht ganz von Ecki losreißen.

Er hatte Ecki als intelligenten Menschen in Erinnerung, der nicht viele Worte machte. Dem Treffen nach zu urteilen, hatte er sich nicht sehr verändert. Philip rollte seinen Stuhl zum Tisch und schüttelte immer wieder ungläubig den Kopf, während er den Browser seines Rechners öffnete und fortfuhr, die benötigten Daten für seine Bangkok-Reise zu kopieren und zu sichern.

Dennoch – Philip war in seinem Glauben erschüttert. Nicht in seinem Glauben an Gott, aber – und daran hatte er bisher noch nie gezweifelt – im Glauben daran, dass die Anzahl der Jahre, Trades und Erfahrungen einen Trader vor dem Totalverlust schützte. *KANN MIR DAS AUCH PASSIEREN?* Seit nun bald mehr als einer Stunde kämpfte er gegen eine Flut von ungeordneten Gedanken.

Philip vergaß vor lauter Grübeln fast, dass er vor zehn Minuten erneut eine Position im SMI-Future eröffnet hatte. Er beobachtete schon seit elf Uhr den sauberen Aufwärtstrend im SMI-Future und hatte sich vorhin einfach long in die Korrektur positioniert. Vier Minuten später stieß der Rechner ein Piepsen aus. *Scheiße! Herrgott, schon wieder ausgestoppt.* Der Markt rutschte mit einem Schlag unter den letzten lokalen Tiefpunkt. Zwei Punkte tiefer schlummerte auch Philips Stopp-Sell-Order. Philip legte diese nicht genau an die lokalen Punkte, sondern immer kurz darunter beziehungsweise darüber.

»Stopp lag aber richtig«, sagte Philip möglichst lässig zu sich selbst. »Und nu?« Seine Augen verengten sich zum Spaß zu Schlitzen. »Hör zu«, begann er den Chart anzusprechen, »hör genau zu, du Scheißmarkt. Verarschen kann ich mich allein. Da brauch ich dich nicht dazu. Also, noch mal so ein Rücksetzer, bei dem ich rausfliege, dann …«

Ja … was dann …?

Philip zog die Augenbrauen hoch und grübelte. Nachdem er in zwei weiteren Trades im DAX-Future auf Tickbasis und einem im S&P500-Future auf 10-Minuten beim Durchbruch des Tageshochs erfolgreich mit kleinen Minusbeträgen ausgestoppt wurde, kamen ihm die Gedanken um Ecki wieder in den Sinn. Er schüttelte heftig den Kopf, als könnte er sie damit verscheuchen. Wo kamen sie nur her? Das kurze Gespräch am Mittag konnte sie allenfalls freigesetzt haben; eigentlich waren sie wohl schon länger da gewesen, er hatte sie alle bereits gedacht.

Kann man jemandem langfristigen erfolgreichen Börsenhandel beibringen? Ist Börsenhandel überhaupt erlernbar? Philip suchte nach einer Analogie für den Begriff *Lernen*. Kurz darauf hatte er einen bildlichen Vergleich: Der Übergang zum aufrechten Gang bedeutet für ein Kleinkind einen enormen Gewinn. Hochstemmen, das Stehen mit Hilfe, Entlangtasten an Tischkanten sind Stationen auf dem Weg zum Laufen. Jeder Schritt will erarbeitet, jeder Fortschritt erprobt sein. Kleine Hilfen von Erwachsenen unterstützen dabei.

Doch entscheidend ist die eigene Initiative des Kindes. Durch ständiges Üben gewinnt es Sicherheit. Es wird schneller in der Bewegung. Nach einiger Zeit kann es frei stehen. Es folgen die ersten eigenen Gehversuche. Die Schritte sind noch kurz und wackelig, es plumpst oft hin. Die Schritte werden regelmäßiger, Geradeauslaufen funktioniert schon, beim Treppensteigen wird ein Fuß benutzt, der andere nachgezogen. Wenn das Kind etwas aufheben will, bückt es sich, anstatt in die Hocke zu gehen. Bedeutet das Gehen endlich keine Anstrengung mehr, geht's richtig los: laufen, rennen, schnell um Kurven flitzen, balancieren, springen, auf einem Bein stehen, klettern, Treppen steigen, Dreirad fahren ... All diese Dinge werden plötzlich mit Begeisterung gemacht. Das Kind erobert sich einen großen Raum und ... testet seine Grenzen aus! Manche Kurve wird noch zu schnell genommen, mancher Baum ist noch zu hoch.

Ist es nicht im Börsenhandel ähnlich? Kann man das Erlernen des Handelns mit dem Laufenlernen vergleichen?

Philip kam zu keinem Ergebnis und kümmerte sich wieder um die Märkte. Leider ging es nach seinen bisherigen Minustrades keineswegs bergauf. Nach dreißig Minuten hatte er auf dem Tickchart des SMI-Future zwei weitere Fehltrades hinnehmen müssen, und im DAX-Future wurde er auch nochmals ausgestoppt. Rumms, wieder 18 Punkte eingezahlt. Sein Gesamtergebnis belief sich nun auf rund 12.500 Euro minus, und der noch offene Short-Trade im Euro-FX-Future schien daran auch nichts mehr zu ändern. Nicht dramatisch, aber für den letzten Arbeitstag nicht akzeptabel.

Philip ging der aufkommenden Unruhe und dem Drang, das entstandene Minus der bisherigen Trades hier und jetzt ausgleichen zu wollen, aus dem Weg, so lange er konnte, um sich nicht vom Ausgang eines Trades reizen zu lassen. Aber nicht immer war das möglich, und genau das war die letzte Hürde, die es für Philip noch zu nehmen galt. Die Frage, wie lange man nun diesen Zustand aushielt, gab Auskunft über den Grad der Reife. Während ein Tradinganfänger sofort wie besessen und falsch agierte, würde ein fortgeschrittener Händler diesen Zustand schon eine ganze Weile, ein vollendeter Trader aber für alle Ewigkeit aushalten können. Philip kam hier zwar schon sehr, sehr weit, aber war immer noch nicht ganz immun dagegen. Es sind jene Tage und Situationen, die einen Trader ganz dumm im Kopf machen können, sodass er in Sachen Trading nichts mehr vernünftig anpacken kann, weil vor Unruhe seine Hände schwitzen und sein Kopf glüht.

Hatte man dann als fortgeschrittener Trader – der eine eher, der andere später – seinen bisherigen Tradeverläufen doch nachgegeben und begonnen, aus lauter Frust zu traden, so konnte man sich sicher sein, dass einem schon beim ersten Orderklick eine Art Vorpatrouille, welche die eigene Vernunft geschickt hatte, begegnete, die den Trader heimlich auslachte und wie ein

Betrüger mit schleichendem Gift den weiteren Weg kreuzte. Dieses Gift schwächte den Trader emotional und veranlasste ihn im weiteren Verlauf gewissenlos und noch dazu rücksichtslos, sich in steter Folge das verwirrende Rein-Raus-Drehen-Rein-Raus-Drehen-Positions-Theater anzutun.

Philip war aber in jener Hinsicht bereits hundertprozentig ausgereift, sodass er sich – auch bei emotional beeinflussten Trades – immer an seine Positionsgröße hielt und sein Konto nicht mehr unverhältnismäßig ausreizte, wie ihm das früher schon mal passiert war. »… kein noch so hoher Profit ist es wert, dass man sein ganzes Vermögen dafür einsetzt«, hatte Hofner einmal gesagt. Das hatte sich Philip hinter die Ohren geschrieben. Wie viele Händler würde es wohl noch geben, wenn diese simple Grundwahrheit beherzigt und angewandt worden wäre.

Der Euro-FX-Future blieb nun auch noch ohne ersichtlichen Grund mitten in der Spanne zwischen 1,5731 und 1,5740 stehen. Fünf Minuten vergingen, dann zehn. Philip konnte sein Pech kaum fassen. Normalerweise sehnte er einen solchen Zwischenfall sogar herbei, nur um eine Entschuldigung dafür zu haben, mal was anderes zu tun als auf den Schirm zu starren. Aber heute Nachmittag führte er sich auf wie ein gestresster Geschäftsmann mit einem Magengeschwür: Er trommelte mit den Fingern, grabschte nach seiner Wasserflasche, nahm einen wütenden Schluck, blickte immer wieder hektisch auf seine Monitore und stöhnte genervt. Als der Zug im Euro-FX-Future sich endlich wieder in Bewegung setzte, sank Philip mit einem dramatischen Schnaufen in seinen Stuhl zurück und musste dann drei Minuten später miterleben, dass auch diese Position, trotz nachgezogener Stopps, mit einem spärlichen Plus ausgestoppt wurde.

Philip wankte auf die Toilette, um ein wenig herunterzukommen. Trotz all der Jahre: Nicht zu fassen, wie schwierig dieser Job war! Dabei hatte er zu Beginn seines Praktikums immer gedacht, es sei alles ein Kinderspiel – man schlürfte ein paar Drinks, lachte, redete mit interessanten Leuten und stellte ein paar Orders in den Markt. Kleinigkeit! Aber leider hatte die Börse keine Lust, gutes Geld an schlechte Trader auszuzahlen. Was soll ein Trader dann tun? Alles hinschmeißen? Ein Teil von Philips Gehirn wusste, dass er heute noch Zeit genug haben würde, um vor Börsenschluss locker wieder auf Null zu kommen. Und ein anderer Teil wusste: Selbst wenn er es heute nicht schaffen sollte, hatte die Börse ja Gott sei Dank auch noch morgen, übermorgen und nächsten Monat geöffnet.

Die Möglichkeit besteht aber trotzdem, es heute noch zu schaffen, dachte sich Philip mit leicht geröteten Augen und angekratztem Ego. *Ich will nicht den Tag mit Minus beenden.* Das Treffen mit Ecki hatte ihn irgendwie in Unruhe versetzt. Und eine solche Unruhe war im Trading Gift für die lebensnotwendige Geduld, denn es folgte dann oft, dass man am Ende einer

Bewegung noch aufsprang, *tzzz … tzzz*, um daraufhin zuzuschauen, wie die Korrektur ein derart großes Minus aufbaute, dass man nur noch das Handtuch schmeißen konnte. Die Korrektur fraß sich in das Fleisch des Traders unbarmherzig immer tiefer, immer fester, bis er schließlich verblutete. Die letzten Atemzüge gingen einher mit dem letzten Zucken der Korrektur. Dann, kurz bevor der Markt wieder volle Fahrt in Trendrichtung aufnahm, unterschrieb der Trader sein eigenes Todesurteil: Er drehte die Position. Denn der Trader will nur eines: Er will grüne Zahlen sehen. Er will Plus, kein Minus mehr sehen. Einfach nur noch grün. Also, raus und in genau die Richtung die Position eröffnen, die ihm diesen unsagbaren Minusbetrag beschert hat. Resultat? Während der erste Trade zwar am Ende einer Bewegung, aber immerhin noch in Trendrichtung eröffnet wurde, stand nun die gedrehte Position dem Trend entgegen.

Das Gefühl, aus dem heraus man die Position gedreht hatte, könnte man als Überraschung, gepaart mit Bedrohungsgefühlen und Verlustangst beschreiben, die in die Befreiungshandlung der Positionsdrehung mündete. Was aber an Gefühlen in einem Trader freigesetzt wurde, wenn die Verluste durch die nun gegen den Trend gedrehte Position noch größer wurden, ließ sich vielleicht so beschreiben: Erst Unmut, dann Unglaube, verzweifelte Hoffnung, ohnmächtiger Groll, Verbitterung und zum Schluss Hass. Hass auf sich selbst. Hass auf den Markt. Hass auf die Kontraktgröße. Hass auf bisher geübte Disziplin. Hass auf den Trade. Hass auf den Börsenhandel. Hass auf alle anderen Börsenhändler. Hass, dass man mit dem ganzen Scheiß überhaupt angefangen hatte. Kurz: Tiefer Hass auf die eigene Ungeduld.

Warum mussten diese Minustrades hier und jetzt ausgerechnet mir passieren?, fragte sich Philip erneut. Dabei hatte sich der letzte Arbeitstag so vielversprechend angelassen! *Na ja, teilweise zumindest. Okay, okay, das Treffen mit Ecki hat einen bitteren Nachgeschmack hinterlassen, aber das war doch mehr als verständlich, oder?* Philip erlebte schließlich zum ersten Mal hautnah im Bekanntenkreis, dass jemand trotz vermeintlichen Fachwissens Haus und Hof verlor! *War das scheinbar menschlich, allzu menschlich? Kann mir das auch passieren?*

Philip wusch sich die Hände, spritzte sich kaltes Wasser ins Gesicht und griff sich ein Papierhandtuch. Seine Unruhe blieb. Er war im Moment so außer Kontrolle, dass er sich nun doch zu einer Art Kampfansage hinreißen ließ. *Ausgeschlossen! Jemand wie Philip schmeißt nichts hin. Ich werde jetzt da rausgehen und allen zeigen, was am letzten Tag in mir steckt.* Schwungvoll drückte er die Tür auf und stürzte sich mit frisch gestärktem Selbstbewusstsein erneut ins Chartgetümmel. Die Bars und Kurse johlten und kreischten zum durchdringenden Takt der Time & Sales-Liste. Philip blickte auf die Uhr: 14:28 Uhr. Er hatte noch ungefähr zwei Stunden Zeit, bevor er losmusste. *Zwei Stunden? Das müsste reichen, um das Minus rauszuholen.* Philip betrachtete den DAX-Chart. Dreimal war er aus seinen Long-Trades ausgestoppt worden. Dreimal!

Mal sehen, Drecksmarkt. Dann halt eben short!

Hauptsache, ich komme aus den roten Zahlen.

Völlig gefrustet von den Ziffern, die ihn rot anstarrten, ging Philip einfach short, ohne den Chartdetails Beachtung zu schenken. Philip übermannte nun doch komplett der Aktionismus. Er wollte nur eines: das Minus ausgleichen und endlich nach Hause.

14:29 Uhr ...

Order Filled Sell

FDAX MAR08 20@6874 id=7291239.

Philip stand auf, zeigte dem Markt den Mittelfinger und schlenderte zu Claudia ins Büro.

»Morgen um diese Uhrzeit sitze ich im Flieger. Zum Glück«, seufzte er.

»Und während ich mich hier mit den Jungs darum streite, wer zuerst nach Hause geht, liegst du am Strand und lässt dir den Pelz verbrennen.« Sie seufzte ebenfalls, aber längst nicht so entspannt wie Philip. Sie reichte ihm sein Flugticket. »Dein Leben möchte ich haben. Vier Wochen Bangkok, Neid ...«

»Purer Stress!« Philip wischte sich demonstrativ über die Stirn. »Von wegen Strand. Kein Baden. Kein Sonnen. Keine Frauen ...«

»Ja, ja«, unterbrach ihn Claudia, »nur Arbeit. Nur du und Stan und die anderen Verrückten.«

Zehn Minuten später kehrte Philip zurück, holte sich ein Glas Wasser, versuchte, ein Gefühl der Kontrolle zu gewinnen, indem er in der Küche noch einige Artikel aus dem Börsenmagazin überflog, das Farei so fasziniert hatte, doch das erwies sich als fruchtlos – es machte sogar alles noch viel schlimmer, da er dabei ständig an Ecki denken musste. *Kann mir das auch passieren, dass ich alles plattmache?* Philip schlurfte an seinen Platz zurück.

Aber als er jetzt auf den Chart blickte, reduzierte sich das Grinsen zu einem gequälten Lächeln und verschwand schließlich ganz. Etwas schnürte ihm die Kehle zu. Könnte Panik sein.

Was zum Henker ...?

OH MEIN GOTT!

Philips Herz klopfte zum Zerspringen. Er stand vor seinen Bildschirmen und starrte auf den aktuellen Chart des DAX-Future. Entsetzt schnappte er sich die Maus und überflog im Internet Explorer die Terminübersicht für den heutigen Tag.

Das darf nicht wahr sein!

SCHEISSE!!!

Er surfte durch die anderen Charts, um das haarsträubende Bild genauer in

Augenschein zu nehmen. Auf allen Charts prangte der schlimmste Albtraum eines jeden Traders: ein riesiger steigender Bar, pünktlich um 14:30 Uhr.

Scheiße … 14:30 Uhr.

DIE ZAHLEN!!!

Himmel! Wo ist mein Verstand geblieben?

Ein gewaltiger grüner Bar, dessen aktueller Kurs immer wieder neue Hochs anzeigte, sodass die ganze Welt sehen konnte: Alle Short-Trader fliegen raus. Alle … Nur nicht Philip. Der sperrte den Mund auf, als wollte er einen Schrei imitieren.

… DAX-Future … 48 Punkte gestiegen

… SMI-Future … 37 Punkte rauf

… Bund-Future … 42 Ticks gefallen

Das ist doch nicht möglich.

Das darf doch echt nicht … Ähm, ich Ars… war … short …

Allerdings bekam Philip, abgesehen von der immer größer werdenden Minusposition, Bedenken ganz anderer Art. *Wo war der Stopp?* Hatte er ihn nicht gesetzt, weil er sich später darum kümmern wollte? Philip wusste es nicht mehr. Er wusste es, verflucht noch mal, nicht mehr.

Okay. Ruhig. Es ist ein ganz normaler Handelstag. Wird schon gut gehen. Natürlich wird es das. Natürlich!

Mit feuerroten Wangen inspizierte Philip jeden Millimeter dieses riesigen Bars im DAX-Future. Seine Hände zitterten, sein Kopf dröhnte.

Panik!

PANIK!!

RIESIGE PANIK!!!

Das war ja der reinste Albtraum. War das … menschlich, allzu menschlich?

Ahhh! Sah Philip da nicht etwa noch, dass der Markt kurz vor einem riesigen *Punkt 2* auf dem Tageschart stand? Er kniff die Augen zusammen und drehte den Kopf langsam von rechts nach links, von links nach rechts. *Tatsächlich! Auch das noch! Nicht zu fassen.* Er schloss gequält die Augen.

In diesem Moment stelzte Hofner an ihm vorbei, der den 14:30-Uhr-Kurssprung schon von Weitem erspäht hatte und sich sogleich mit Geklimper an seine Tastatur stürzte. »Seht euch das an!«, kreischte er begeistert, wohl wissend, dass es sich dennoch nur um eine kleine 14:30-Uhr-Reaktion handelte. »Mann, das ist ja wie immer zum Schreien!« Hofner wusste nur allzu gut, dass das Bekanntgeben von wichtigen Wirtschaftszahlen, seien es nun Sitzungsergebnisse von Zentralbanken, Handelsbilanzen oder die allzeit beliebten Veröffentlichungen der *Unemployment Rate*, also der Zahlen zur US-amerikanischen Arbeitslosenquote, beim Tradinganfänger Faszination, beim erfahrenen Trader pure Gänsehaut verursachten. Denn während die einen von dem unendlichen Marktschub und Hunderten von

Ticks binnen Sekunden träumten, wussten die anderen um deren schnellen und vor allem detaillierten Verlauf. War es doch allzu oft so, dass die extreme Kursveränderung erst in die eine, dann binnen Sekunden in die andere Richtung ging, um dann erneut in die ursprüngliche Richtung auszuschlagen. Im Nachgang, je nach betrachteter Zeiteinheit, sah man eine klare, oftmals ach so deutliche Marktbewegung, welche im Detail betrachtet aber ihre Opfer fand. Und diese Opfer starben nicht etwa durch einen sauberen Schuss, nein, sie wurden gequält und vom Markt gegrillt. Binnen Sekunden wurden Positionen gedreht, ausgelöst vom Blick auf den negativen Positionsertrag, welcher nach der Drehung erneut erschien, um dann erneut gedreht zu werden. Binnen Sekunden wurde so auf manchen Grabstein eines Traders der Todeszeitpunkt gemeißelt: VERSTORBEN UM 14:32 UHR.

»Geil!«, quietschte Sander. »Philip, der Euro macht neue Tagestiefs!«

Philip wirbelte herum, skalierte hastig den Chart auf und zu und zog den Kopf ein, sodass seine Schultern beinahe bis über die Ohren reichten. *Ergeht es mir grade wie Ecki?* Fast bekam er Tränen in die Augen, als er noch einmal seine Positionen betrachtete. *Wenigstens sah sie jetzt niemand!* Aber früher oder später würde die Sache ans Licht kommen. Spätestens morgen, beim Durchsehen der Abrechnungen. Oder irgendeiner riskierte noch einen Blick auf Philips Rechner. *Wetten?* Jemand würde seinen Trade erkennen. Man wird mich entlarven. Ich, Philip, werde in die Geschichte eingehen als der Trader mit dem dümmsten Trade!

Pfff.

»Philip, hör doch mal zu. Schau mal auf den Dow ... – Philip, du hörst mir ja gar nicht zu!«, rief Hofner.

»Mhm ... Sieht gut aus. Ich muss mich aber mal um meine Sachen für morgen kümmern. Flugdaten und so ...« Ein schneller Themenwechsel war wohl beim Anblick der Position angesagt.

Schluck.

Name	Position	Traded	P/L Points	P/L	Time	Last Quote	Bid	Ask
FDAX	-20 K	6874	-46	-23.000 Euro	14:43:09	6820	6820,0	6821,0

ZWANZIGTAUSEND EURO MINUS!

Ach du Schande. Ich hätte es wissen sollen. Schließlich reden wir hier vom DAX-Future. Da gibt es kein »schlicht« oder »klein«. Philip zwang sich zu einem Lächeln. Wo zum Teufel hatte er sich da bloß reinmanövriert? Er wusste, dass er gerade über die letzte Stufe zum erfolgreichen, beständigen Trader gestolpert war: den verzweifelten Versuch, ein Minus auszugleichen. Während der bisherige entstandene Minusbetrag, wenn auch ausgestoppt, dennoch durch saubere Trades entstanden war, hatte ihn bei dem letzten Trade zur Kontorettung blinde Wut getrieben. Was war nur los mit ihm?

War es möglich, dass ihn plötzlich schlichtweg fachliche Unkenntnis überwältigte? Unwahrscheinlich. Nein, vermutlich war er wütend darüber, dass er aus den letzten Trades ausgestoppt worden war, und zeigte nun dem Markt und der gesamten Börse auf seine aggressive Weise den Stinkefinger. Mein Gott, dachte Philip, am liebsten würde ich den Markt sich selbst überlassen. Einfach gar nichts tun. Aber genau das war die Schwierigkeit, denn die zentrale Frage nach einigen Minustrades in Folge war: Sollte man untergehen oder weiterschwimmen? Klar, es wäre ein Vergnügen, sich zurückzulehnen und die heftigen Attacken seiner eigenen Psyche auszukosten, die auf jeden Trader zukamen.

Ein plötzliches Gefühl von Leere und Einsamkeit waberte Philip entgegen. Er versuchte es zu ignorieren, doch es hatte ihn schon umhüllt.

Was wäre, wenn ich den Stopp jetzt weit weg setzen würde? So richtig weit. Bis dorthin kommt der Markt mit Sicherheit nicht, und ich gebe ihm Zeit, um in meine Richtung zu drehen, schoss es Philip kurzzeitig durch den Kopf. Gottlob hütete er sich davor, das laut auszusprechen. Stattdessen knurrte er den Bildschirm an: »So, du willst doch nicht etwa noch höher ...!?« Gleichzeitig nahm er den Chart mit einem Blick ins Visier, der zur Sorte »Wenn Blicke Kurse töten könnten« gehörte. Zu seinem Glück trug Philip seine innere Ritterrüstung. So trat denn der von ihm kurzzeitig gedachte Ich-setze-den-Stopp-gaaanz-weit-weg-und-warte-auf-die-Drehung-Effekt zu seinem Glück nicht ein, sondern er schaffte es innerlich, wenn auch auf etwas wackligen Beinen, weiterhin aufrecht zu seiner Ansicht zu stehen, dass der Markt weiter gegen ihn laufen werde. Obwohl psychisch leicht angeknackst, blickte Philip sogar erstaunlich mutig vorwärts. Als der DAX-Future in den folgenden Minuten mit einer kleinen Korrektur von zehn Punkten nach Süden bog, schloss Philip seine Position, was sich im Nachgang als richtig herausstellte, da der Markt kurz darauf, getrieben durch die Eröffnung des amerikanischen Kassamarktes, richtig nach oben durchstartete.

Philip war beim Anblick des Chartverlaufs heilfroh, dass er nicht – was den Ausgang des Trades betraf – mehr wie ein Anfänger handelte, denn er wusste um den mentalen *Point of no return*. Wie im Trading, so ist dieser Begriff auch in der Luftfahrt gebräuchlich, denn auf einer Startbahn gibt es einen Punkt, hinter dem der Start nicht mehr abgebrochen werden kann, weil die verbleibende Länge nicht mehr ausreicht, um das Flugzeug sicher abzubremsen. Es muss gestartet und gegebenenfalls eine Notlandung versucht werden. Im Trading wird dieser Punkt als ein mentaler Zeitpunkt bezeichnet, ab dem die Entwicklung einer Verlustposition nicht mehr realisiert wird oder ab dem Entscheidungen zur Positionsschließung nicht mehr rationell getroffen werden können, da das Minus bereits zu hoch ist.

Philip legte das Trading für ein paar Minuten beiseite. Es wurde Zeit, den Tatsachen ins Auge zu blicken und zu realisieren, was wirklich hier auf seinen Bildschirmen geschah. *Setz dich hin*, Philip, befahl er sich. *Setz dich hin und denk mal kurz in Ruhe nach.* Er schloss die Augen: So zeigte sich also mal wieder die letzte Hürde des Tradings auf der Bühne. Aber was für ein banaler Auftritt – die Vorhänge mit einem Ruck weggerissen vor einer Serie sinnloser Trades ... Und wie könnte die Schlussszene aussehen? Höchstwahrscheinlich ebenso banal. Handlung? Eine Serie weiterer Trades mit ständig erhöhter Kontraktanzahl. Als Kostüm ein durchgeschwitztes T-Shirt, blasses Gesicht und zitternde Hände. Kulisse? Derselbe Rechner, an dem er seit Jahren saß, derselbe Stuhl, dasselbe Büro, auf dem Tisch daneben ein Stapel Tradingtagebücher mit Ideen und Vorschlägen, die ihre Zeit jetzt scheinbar nie mehr bekommen würden. Ein jämmerliches und vor allem enttäuschendes Finale. Bestimmt verdiente das glorreichste Abenteuer seines Lebens – das Trading – doch etwas mehr ... mehr ... mehr wovon?

Philip kam eine Szene in den Sinn, die er vor Jahren in den ersten Tagen seines Praktikums im Handelsbüro erlebt hatte. Im Park Café, zweihundert Meter vom Büro entfernt, sah er vormittags gegen 11 Uhr ganz zufällig Hofner sitzen, der in aller Seelenruhe aus dem Fenster schaute und sich ganz offensichtlich über die Leute freute, die da vollgestopft mit Terminen vorbeihasteten. Dass der Markt sich zwischenzeitlich um Hunderte von Punkten nach oben oder auch nach unten hätte bewegen können, schien ihm völlig egal zu sein. *Trader ...? Elf Uhr ...? Café ...? Looser!*, hatte Philip damals gedacht. *Dem war der Markt wohl egal, und dennoch nahm er sich das Recht, sich Trader zu nennen!?*

Philips Reaktion war irgendwo zwischen Spott und Abscheu angesiedelt. Er fragte sich bei diesem Anblick insgeheim, was er hier schon lernen könne. Kaffeetrinken vielleicht? Aber mit den Wochen, Monaten und Jahren des aktiven Handelns änderten sich seine Ansichten. Er dachte jetzt gern an jene Szene zurück und empfand nun so etwas wie Ehrfurcht, ja sogar höchste Anerkennung. Gleichzeitig verspürte er Mitgefühl für all die fortgeschrittenen Trader, die, trotz umfangreichen Fachwissens, Opfer ihrer eigenen Launen waren, welche zwar die Selbstbewusstheit der freiwilligen Teilnahme eines jeden Handelstags gewährten, jedoch nicht die psychische Ausstattung hatten, die erforderlich war, um mit dem Schmerz über die Vergänglichkeit von lieb gewonnenen Gedankengängen und guten Vorsätzen sowie der Flüchtigkeit von Geld fertig zu werden. Philip musste obendrein an die Schachpartien mit seinem Vater denken, bei denen er unweigerlich die gleichen Fehler gemacht hatte: Sich zu stark auf den Angriff zu konzentrieren, diesen zu weit voranzutreiben, die eigene Deckung zu vernachlässigen, bis seines Vaters Dame wie der Blitz hinter seine schwache Verteidigung fuhr und Schach bot.

Philip verscheuchte das Bild - allerdings nicht, ohne zuvor dessen warnende Botschaft klar erfasst zu haben: Wenn er dieses letzte kleine Übel vermeiden konnte, dann war er im Trading zur Vollendung gereift.

Philip öffnete sein Tradingtagebuch und schrieb in einem Satz den Tag zusammenfassend: … *Trading ist zu jedem Zeitpunkt ein entscheidender Moment. Entweder du entscheidest über den Moment oder der Moment entscheidet über dich!*, kopierte dann noch einige Dateien für seine Reise, und eher er sich´s versah, war es bereits 17 Uhr.

Philip verabschiedete sich schließlich von seinen Kollegen. »Mach dir keinen Kopf wegen Ecki. Uns oder dich trifft keinerlei Schuld. Wir haben alles Mögliche für ihn getan«, sagte Hofner.

»Alles?«

»Ja. Wir haben in den vielen Wochen versucht, ihm Lernen beizubringen. Zu lernen und selbst mitzudenken, das ist die einzige Aufgabe, das Einzige, was zählt.«

»Ich denk' mal drüber nach«, versicherte Philip und klopfte Hofner zum Abschied auf den Arm.

»Bringen wir es auf den Punkt …« Hofner wandte sich ihm erneut zu: »Der Trader kommt wegen Geld und bleibt wegen der Erkenntnis!«

Holla! Hofners Äußerung erschien Philip unerhört gewagt. Und doch klangen diese Worte aus seinem Mund passend, ungekünstelt. Kein einziger der Trader, kein Broker, kein Börsendienstleister, keine Bank, die er kannte, hätte das mit dieser Deutlichkeit ausgesprochen. In Hofner hatte er eben einen vollkommen ehrlichen und deshalb freien Trader vor sich.

»Ich selber habe meine Pflichten als Trader auf eine einzige zusammengestrichen: die, meine persönliche Freiheit zu wahren. Das Trading mit seinem ganzen Gefolge von Besitzdenken und Endlosigkeit hat die Macht, den Geist zu versklaven. Das soll mir nie passieren. Jeder Trader war mal Sklave. Glaub mir …« Hofner schaute Philip fest in die Augen. »Jeder! Der eine schafft es, sich von den Ketten zu befreien, der andere geht an ihnen zugrunde.«

Philip nickte und dachte an seinen sinnlosen Trade im DAX. Hofner sah gedankenverloren aus dem Fenster. Angestellte des Nachbarbüros strebten über den Innenhof nach Hause. »Ich wünsche jedem Trader da draußen in der Welt, dass seine Zeit kommt, in der er sich nicht mehr zum freiwilligen Opfertier seiner Schwächen herabwürdigt. Bevor du aber nun gehst, habe ich noch eine Bitte an dich …«

Hofner ging auf seinen Schreibtisch zu, blieb dort stehen und griff in eine der Schubladen. Den schmalen Band, den er daraus hervorzog, drückte er Philip in die Hand. »Gib dies in einem passenden Moment Stan! Unser Bambino kann es gebrauchen. Und jetzt: Adieu, Philip. Und gute Reise.«

Nachdem Philip die Bürotür geschlossen hatte, besah er sich den schmalen Band und las den Titel: *Der Kerngedanke der Technischen Analyse.* Philip steckte das Büchlein in seine Tasche, trat auf den Hof hinaus und schaute zurück nach oben, um einen letzten Blick von Hofner zu erhaschen, der am Fenster stand. Dann eilte er auf die Straße und stieg in das bereits wartende Taxi.

*

Philip konnte, wie an so manchem verhauenen Tradingtag, nicht zur Ruhe kommen. Er stand im Wohnzimmer seiner Wohnung und starrte auf seine gepackten Koffer. Alles war fertig für die Reise, er brauchte sich nur noch einmal hinzulegen und dann am nächsten Morgen ins Taxi zu steigen. Doch zusätzlich zum »normal« erhöhten Pulsschlag nach diesem Tag hielt ihn die Aufregung vor der Reise ab, den letzten Abend in der Heimat entspannt genießen zu können. Er sehnte sich nach etwas Tröstlichem und trat an seine beiden riesigen Bücherregale heran, die an einer der Wände im Wohnzimmer standen und von A wie Albert Camus bis Z wie Juli Zeh alles enthielten, was er jemals gelesen hatte oder noch lesen wollte. Er hielt seine Nase dicht an die Reihe der in Leder gebundenen Bücher und erfreute sich an dem Zusammenspiel der Gerüche – nein, der Düfte! – von Leder, Papier und Holz. Eifrig studierte er die Titel in den Regalen, fand aber nichts, was für seine aktuelle Situation auch nur im Entferntesten geeignet erschien. Nichts, woraus sich ableiten ließe, wie man bei der Fülle von Fragen, die der Börsenhandel tagtäglich mit sich brachte, seine restlichen Tage als Trader leben könnte oder Sinn in diesem Beruf finden sollte.

Philip schüttelte den Kopf und überlegte einen Moment. *Wo war denn noch mal ... Ah ja, da steht es ja!* Sein Blick fiel auf die mittlerweile eselsohrige Ausgabe eines Buches von Nietzsche. Dieses Buch kannte Philip gut. Vor einigen Wochen erst hatte er es zwischen langweiligen Handelsphasen während der Arbeit mal wieder angelesen. *Ein mutiges Buch*, dachte Philip, *das mehr als jedes andere Buch lehrt, wie sehr man das Leben ehren und verfeinern muss.* Ja, das konnte das Richtige sein. *Der Sinn des Trading ergibt sich über den Sinn des Lebens*, dachte Philip.

Aber zu unruhig, um systematisch zu lesen, blätterte er jetzt nur willkürlich in den Seiten von »Also sprach Zarathustra« und überflog einige Zeilen, die er bei vorherigem Lesen bereits hervorgehoben hatte: »... alles *Es-war* umzuschaffen in ein *So-wollte-ich-es!* – das hieße mir erst Erlösung ...« Philip blickte vom Buch auf und dachte nach. Betrachtete er Nietzsches Worte auf seine Situation umgemünzt, so würde dies bedeuten, dass er sich entscheiden sollte, welche Art von Tradingstil er für sich am geeignetsten hielt. Dann sollte er diese Erkenntnis gewollt und bewusst umsetzen und natürlich auch die Verantwortung dafür übernehmen, statt von den Ereignissen gelebt zu werden, also nur auf diese zu reagieren. Anders gesagt, er musste sein momentanes Schicksal lieben. Da war sie nun: Philips sich oft selbst gestellte Frage, ob er willens sei, das Trading, das er führte, genauso bis in alle Ewigkeit zu wiederholen. Ein seltsames Gedankenexperiment – dennoch, je mehr er darüber nachdachte, desto mehr Anleitung bot es ihm: Nietzsches Botschaft an ihn als Händler lautete, das Trading so in allen fachlichen und persönlichen Details anzugehen, dass er bereit sei, es auf dieselbe Weise ewig zu wiederholen. Nietzsches »Zarathustra« war ein tolles Buch. Es ermöglichte dem Leser so viele Sichtweisen, dass es von seiner geistigen Verfassung abhing, was er damit anfing.

Philip blätterte weiter und blieb an zwei weiteren Sätzen hängen, die er deutlich hervorgehoben hatte. In einem hieß es, »... man solle sein Leben ausschöpfen ...«, im anderen: »... Stirb zur rechten Zeit ...«. Die Zeilen trafen ins Schwarze. Lebe dein Leben bis zum Äußersten. Lass kein ungelebtes Leben zurück.

Philip verglich Nietzsches Worte weiter mit dem Trading und seinem Leben als Trader: Heute las er sie gegenüber den früheren Gelegenheiten in einer ganz anderen geistigen Verfassung. Die Abwesenheit laufender Charts und Kurslisten führte zu einem viel besseren Verständnis des Gelesenen: Auf fast jeder Seite erkannte er nun verblüffende Zusammenhänge, die ihm vorher entgangen waren. Plötzlich verstand er Hofners Worte, in denen er zum einen sehr die Einsamkeit im Trading pries, sie sogar glorifizierte, diese für erforderlich hielt, um große Gedanken und gute Trades zu gebären; auf der anderen Seite fühlte er sich dennoch teilweise dazu verpflichtet, anderen Tradern dabei zu helfen, sich zu vervollkommnen und an ihrer Reife teilzuhaben. An ihrer Reife teilhaben – das traf auf jeden Fall ins Schwarze, aber da waren sie wieder, jene Fragen: *Kann man denn Börsenhandel wirklich jemandem beibringen? Kann mich dasselbe Schicksal wie Ecki ereilen?*

Philip liebte es, Trader zu sein; er liebte es, eine Verbindung mit den Charts zu knüpfen und mit seinen Orders auch dazu beizutragen, dass diese zum Leben erwachten. Vielleicht war seine geistige Arbeit eine Sublimierung für die vielen Verluste, die er in den ersten Jahren gemacht hatte; vielleicht brauchte er den leisen Applaus, die leise Bestätigung und Dankbarkeit. Trotzdem – selbst wenn unklare Motive eine Rolle spielen sollten, war er dankbar für seine Arbeit.

Philip dachte an die bevorstehende Reise und daran, dass er die Aufgabe hatte, innerhalb weniger Wochen das Thema der mechanischen Handelssysteme umfänglich darzulegen und den Praktikanten Stan an die Hand zu nehmen. Er musste an sein eigenes Praktikum denken. Wie schwer oder leicht mochte es wohl für Hofner und Sander gewesen sein, ihm den aktiven Börsenhandel beizubringen? Wer konnte den Erfolg bei einem solchen Lehrstoff wie dem Börsenhandel garantieren? Nun, er selbst war ein Beispiel dafür, dass es funktionierte. Sogar sein Schnitzer heute Nachmittag hatte gezeigt, dass er ein guter Händler war, da er gelernt hatte, auf sich selbst zu reagieren.

In ihm kamen die Bilder und Worte von Ecki hoch. *War dieses Treffen ein Zufall gewesen? Willst du einen Beweis dafür, dass Trading nicht beigebracht werden kann?*, fragte Philip sich. Ecki war scheinbar einer. Ein klassischer, grandioser Misserfolg. Er entsann sich, wie sehr Ecki in den unzähligen Gesprächen mit Hofner oder Sander deren Aussagen über die psychologischen Aspekte im Trading missfallen hatten.

»Psycho hin, Psycho her, alles, was ich brauche, sind vernünftige Signale, dann gibt es nur Plustrades, und eure Psychokiste könnt ihr euch wer weiß wohin stecken ...«, waren immer Eckis spaßige Worte gewesen. Ihm kam anscheinend während des Tradings nie der Gedanke, in sich hineinzuschauen; stattdessen glitt er lieber auf der Oberfläche des Charts dahin und widmete seine Energie der Ausschweifung seiner von Aktionismus und Rechthaberei geprägten Trades. Dank seines dicken Kontos hatte er keinen Mangel an Pulver, das er verschießen konnte.

Philip trat an die andere, mit Sideboards zugestellte Wohnzimmerwand und öffnete die oberste Schublade des Schrankes. Hier bewahrte er die Aufzeichnungen auf, die er seit langer Zeit führte. Sein Blick fiel auf seine Tradingtagebücher. Es waren mittlerweile elf Bände. Manchmal, wenn er einen brillanten oder auch total idiotischen Trade hatte, schrieben sich die Seiten wie von selbst voll. *Auch am heutigen Tag werden wohl wieder viele Zeilen hinzukommen,* überlegte Philip.

Wenn man einen erfahrenen Trader nach frühen Erinnerungen fragte, bekam man etwas in der Art zur Antwort, dass es so etwas nicht gebe. Erinnerungen seien, anders als Kupferstiche oder E-Mails, undatiert. Man finde Dinge in seinem Gedächtnis vor, welche man manchmal nur durch konzentrierte Überlegung in die richtige Reihenfolge bringen könne. Daher machten sich Philip und alle Kollegen, die er kannte, Notizen oder führten Tagebücher. Manchmal waren es einfach ein paar Zeilen auf einem losen Papier, der Rückseite eines Kalenderblatts oder einer Serviette. Philip grinste, als er an die bescheidenen Anfänge seines mittlerweile beachtlichen, machtvollen Werkes zurückdachte.

Endlich, da waren sie ja, die Zeilen zu Ecki: Mehrere Seminare, ein Vierteljahr betreutes Handeln im Büro neben Hofner und Sander, viel Zuhören und Unterstützung und Anteilnahme, viele Interpretationen – und doch scheinbar alles ohne einen Hauch von Fortschritt. *Erstaunlich!* Philip nahm das Tagebuch, dessen Schriftbild schon von großer Anspannung zeugte – eine unruhige Handschrift, viele Wörter abgekürzt oder mehrfach unterstrichen, sodass vieles kaum zu lesen war. Die Unterschrift eines Arztes war nichts dagegen. Während er versuchte, seine Notizen zu entziffern, ging er im Raum auf und ab wie Hamlet: *Liegt es an der Komplexität des Börsenhandels, dass ein und derselbe Lehrer bei unterschiedlichen Schülern unterschiedliche Ergebnisse bewirkt? Vielleicht sind Hofner und Sander doch nicht die idealen Lehrer, für die ich sie immer gehalten habe?*

Oh, mein Gott! Dann steht mir Eckis Schicksal also noch bevor?

Zieh keine voreiligen Schlüsse, sagte er sich. Warum hätte Ecki sonst so viele Wochen jeden Morgen ins Büro kommen sollen, wenn er nichts davon gehabt hätte? Warum hätte er all das Geld für das Coaching zum Fenster rauswerfen sollen? Vielleicht hatten die vielen Gespräche und Tradingtage Ecki ja doch verändert. Vielleicht war er ein Spätzünder – einer jener Menschen, die Zeit brauchten, um die Nahrung zu verdauen, die ein anderer ihnen verabreichte, einer von denen, die sich einige der Leckerbissen des Gegenübers aufbewahrten, sie mit nach Hause nahmen wie einen Knochen, an dem sie später ganz allein herumnagten.

Mhm … Aber trotzdem – jetzt war er pleite.

Egal wie, seit dem zufälligen Treffen heute Mittag ging Philip Ecki nicht mehr aus dem Kopf. Der Misserfolg Eckis hatte sich in ihm eingenistet und Wurzeln geschlagen und wurde plötzlich zu einem Symbol für die eigene Angst und zu einem Symbol, das all seine Fragen über die Erlernbarkeit des Tradings verkörperte. Der Fall Ecki hatte für Philip etwas Besonderes.

Philip suchte in seinem Tagebuch nach der Eintragung, die er nach dem ersten gemeinsamen Tag mit Ecki geschrieben hatte, und las: … *Ecki: Anscheinend intelligent, beruflich gut aufgestellt und erfolgreich, hat sich mit einem Batzen Geld ein Coaching bei Hofner und Sander gekauft.* Philip las weiter: *Ecki beschreibt sein bisheriges Trading mit »Ich werde gegen meinen Willen von optischen Impulsen des Charts gesteuert.«* Philip blätterte weiter und entzifferte einen Eintrag, den er einige Tage später zu Ecki gemacht hatte: *E. kommt morgens schon unter Spannung ins Büro. Fährt als Erstes seinen Rechner hoch und stürzt sich sofort in den ersten Trade des Tages. Klappert sofort weitere Märkte ab und tradet drauflos, was die Bildschirme hergeben. Scheint das Ganze als Abenteuer zu betrachten. Ist auf jeden Fall sehr ungeduldig!«* Philip starrte angestrengt auf weitere Passagen. Da er jedoch kaum mehr als vereinzelte Wörter zu entziffern vermochte, blätterte er weiter, und ihm fiel eine weitere Stelle auf: … *Scheint zur Gewohnheit zu werden! E. hat heute schon wieder fast all seine Trades so kommentiert: »Ich habe nie Glück! Ich hab`s gewusst, dass ich den Trade nicht hätte machen sollen.« Und als er den Rechner heute Abend runterfuhr, kam schon wieder der Satz: »Gott sei Dank, jetzt kann ich mich endlich meiner Familie widmen, ein Buch lesen und anschließend* *schlafen, was ich eigentlich sowieso tun wollte.«*

Philip hatte diesen letzten Halbsatz sogar mehrfach unterstrichen. Dieser Satz, dieses Paradox – » … was ich eigentlich sowieso tun wollte.« – hatte Ecki, so erinnerte sich Philip, die ganze Zeit verfolgt. Das war auch genau der Grund dafür, dass Ecki fast verrückt wurde. »Darauf konzentrierten sich seine ganzen Gedanken«, dachte Philip laut. »Wenn es das war, was er wollte – Familie, seinen Hobbys nachgehen, lesen und danach schön schlafen ... bitte, warum konnte er das dann nicht einfach tun? Warum schaffte Ecki es nicht, dass der Handel nur Mittel zum Zweck war, nicht der Zweck selbst?«

Kann mir das auch passieren? Philip schloss das Tagebuch, klemmte aber seinen Finger zwischen die zuletzt gelesenen Seiten. Dann knipste er den Fernseher ein, schaltete den Ton leise und machte es sich auf dem Sofa bequem. Er öffnete das Tagebuch wieder und las den letzten Satz noch einmal: »Wenn es das ist, was ich will … warum tue ich es nicht?«, sprach er leise vor sich hin. Dann hatte er einen Einfall: »Die Wollust, der Rausch im Akt des Chart-Orakelns.« *Das könnte es sein!* Das könnte das wahre Wesen, der echte Kern des Antriebs und Verlangens vieler Trader sein. Das Ziel und der Zweck des ersten Daseins als Tradinganfänger.

Philip erinnerte sich an seine eigenen ersten Wochen und Monate. Er hatte Spaß am Traden, verband jedoch damit kein konkretes Ziel, abgesehen von der gängigen, gleichwohl im höchsten Maße unkonkreten Vision immensen Reichtums, vom Zweck ganz zu schweigen.

Ein darauf aufbauender Gedanke kam ihm: *Wollust im Akt des Chart-Orakelns* findet zu Beginn des Tradings statt. Und am Ende, im Status als Fortgeschrittener. Zwischendrin erlebt man als Trader eine Art *doppelte Verzweiflung*, das heißt, man ist verzweifelt, unterliegt aber einer derartigen Selbsttäuschung, dass man das nicht einmal weiß! Philip erinnerte sich daran, dass sein eigenes Leiden überwiegend daher rührte, dass er vom Verlangen getrieben wurde, den ursprünglichen Kontostand wiederherzustellen. Sobald er einen Trade gemacht hatte, genoss er einen Moment der Sättigung, der sich aber bald in Langeweile verwandelte, welche von einem erneuten Verlangen, das Konto weiter aufzubauen, durchbrochen wurde. Hofner meinte damals, dies sei der universelle Zustand so manchen Tradinganfängers – Wollen, vorübergehende Befriedigung, Langeweile, weiteres Wollen.

Zurück bei Ecki, fragte sich Philip, ob dieser den Zyklus des endlosen Verlangens in sich bereits erforscht hatte. *War das vielleicht die Ursache für sein Scheitern?* Verhinderte vielleicht die starke Bezugnahme auf den Kontoverlauf, dass sich ein Trader genügend mit dem eigenen *Ich* vertraut machte? Wurde die Arbeit am Ich des Traders durch die Fixierung auf den Ausgang des einzelnen Trades behindert? Oder war es die Wunschvorstellung in Sachen

Trading, die einen daran hinderte, zu erkennen, wie scheiße verkorkst man eigentlich handelte? Wofür würde einem denn ein erfahrener Trader mehr Beifall spenden? Für die fixe Idee, schnell ein dickes fettes Konto aufzubauen, oder dass man sich weigerte, sein Handeln von dem Verlauf des letzten Trades definieren zu lassen?

Philip fröstelte es, als er das Tagebuch beiseite legte. Ohne sich dessen bewusst zu sein, spielten seine beiden Hände nun mit der Fernbedienung. Auch dass der Fernseher lief, entzog sich seiner Wahrnehmung. In irgendeiner Spielshow stritten sich Paare darüber, wer die meiste Ahnung im Haushalt hatte und besser kochen und putzen, Slalom um Spielsachen im Flur laufen und die Kinder versorgen konnte, aber Philip sah nicht zu. Stattdessen fragte er sich, warum er das Bild Eckis mit solch unheimlicher Deutlichkeit heraufbeschwören konnte. »... warum kann ich nicht das tun, was ich eigentlich tun will?« Diese Frage hatte sich Philip selbst auch schon gestellt. Er erinnerte sich an eine Aussage Sanders, dass der Börsenhandel ein spannendes Beispiel für Willenslähmung sei.

Philip ließ die ganze Sache um Ecki nun keine Ruhe mehr. Energisch klappte er das Tagebuch zu. Nachdem er es an seinen Platz zurückgelegt hatte, stellte er sich ans Fenster. Vor dem Haus fuhr gerade ein Transporter vorbei. Gedankenverloren verfolgte er dessen Weg mit den Augen, dachte dabei aber weiter über Eckis Worte und Sanders Aussage nach. Nach ein paar Minuten wurde immer deutlicher: Er musste mit Ecki reden! Philip musste herausbekommen, warum ihn das Trading ruinierte und ob ihm das auch passieren konnte. Er musste sich hier und jetzt Gewissheit verschaffen - und sei es nur durch ein kurzes Telefonat.

Scheiße, das kannst du nicht tun! Das sieht nach Sensationshascherei aus.

Philip wog das Für und Wider ab. Das Bedürfnis, die Last der Fragen rund um Eckis Scheitern abzuschütteln und stattdessen Klarheit zu erlangen, ließ seinen vorhandenen Widerstand gegen ein Telefonat jedoch ins Wanken geraten. Langsam kristallisierte sich in ihm ein Plan heraus, der zwei Zwecke erfüllen würde: Seine innere Stimme wäre zufrieden, und das Dilemma hinsichtlich der Frage zu einem eigenen möglichen Versagen könnte eventuell gelöst werden.

In einer der vielen Excel-Tabellen seines Laptops fand er die frühere Handynummer Eckis und wählte diese in der Hoffnung auf die Aktualität der Liste. Üblicherweise hielt Philip sich in Gesprächen um das Trading selten zurück. Das war eine seiner Stärken – die Leute wussten, dass er offen und ehrlich war. Doch für dieses Telefonat erlegte er sich Zurückhaltung auf. Dass Ecki pleite war, war schlimm genug, und Philip wollte auf keinen Fall Salz in die Wunde streuen, indem er Ecki im Nachhinein Ratschläge erteilte. Was er mit diesem Anruf bezweckte, war schließlich, Eckis aufrichtige Version ihrer damaligen gemeinsamen Arbeit zu erhalten, und je weniger Philip über seine eigene momentane seelische Verfassung sagte, desto besser.

Tatsächlich – Ecki ging nach kurzem Läuten dran. Ein paar Worte Smalltalk, dann kam Philip gleich auf den Punkt: »Super zunächst, dass du so nett bist, dir ein wenig Zeit für mich zu nehmen. Ich möchte gern Folgendes: Deine Ansicht über die ehemalige gemeinsame Arbeit hören – wo sie dir geholfen hat und wo nicht.«

Falls Ecki von dieser Bitte überrascht war, ließ er sich nichts anmerken. Philip hörte das Atmen am anderen Ende der Leitung, dann begann Ecki: »Unter meinen schönen Moneten war das Massensterben ausgebrochen wie die Pest. Eine Welt brach für mich zusammen. All mein schönes Geld, die Familie und meine Haus, weg! Zerscheppert an der Börse. Ich träume nur, gleich wache ich auf, und alles ist wieder schön und kuschelig. Kann doch nicht alles weg sein. Kann sich doch nicht in Luft auflösen. Doch, es kann, es kann, ES KANN!!! Mein Leben hat in den letzten Monaten eine so scheiß dramatische Wendung genommen, dass ich eigentlich das Gefühl habe, es fängt eben erst an. Alles in allem muss ich daher sagen, dass all die Seminare, ebenso das Praktikum bei euch, ein kompletter Misserfolg waren.«

Autsch.

»Inwiefern?«, versuchte Philip sein Erstaunen über Eckis Antwort zu kaschieren.

»Nun ja, ich bin pleite. Daher kann man das ja wohl nicht als Erfolg bewerten.«

»Da siehst du einen kausalen Zusammenhang? Ich meine, du warst da, um zu lernen. Um zu üben!«

»Ich glaube, ich habe meine Aufgabe als *Lernender* erfüllt. Soweit ich mich entsinne, war ich äußerst kooperativ, kam regelmäßig, bezahlte meine Rechnungen, lernte eure Überlegungen und war den ganzen Tag dem Markt nahe. Stimmt doch, oder?«

»Dass du den ganzen Tage dem Markt nahe warst? Absolut! Ich würde sogar weiter gehen: Ich würde sagen, du warst ein sehr ausdauernder Trader, was die Stunden vor dem Rechner betraf.«

Philip konnte es fast vor sich sehen, wie Ecki am anderen Ende der Leitung zur Decke schaute und nickte. »Ja, soweit ich mich entsinnen kann, war ich ungefähr drei Monate bei euch. Das sind eine Menge Stunden. Rund fünfzigtausend Euro.«

Philip hätte ihn beinahe unterbrochen. Das Geld war ein Tropfen auf den heißen Stein. Ein Trader sollte immer so viel für Bildung ausgeben, wie er von dem vermittelten Fachwissen zu profitieren gedachte, aber auch nicht mehr. Philip wies üblicherweise dann darauf hin, dass das Wissen, das in einem Seminar, durch ein Buch oder Ähnliches vermittelt wurde, im ganzen restlichen Leben als Trader auf ewig eine Rolle spielen würde und dass man daher kaum erwarten konnte, dieses umsonst zu bekommen. Doch Ecki war gerade weder Seminarteilnehmer noch Praktikant, und Philip telefonierte nicht, um Ecki zu belehren, sondern um zuzuhören. Deshalb biss er sich wortlos auf die Lippen.

Ecki sprach weiter. »Als ich bei euch anfing, war ich am Wendepunkt meiner Existenz angelangt. Ich war beruflich zwar sehr erfolgreich, aber gelangweilt von meiner Karriere, gelangweilt von meinem Leben. Gelangweilt von allem außer dem Auf und Ab der Börse und dem Versuch der Erahnung des zukünftigen Kursverlaufs. Aber der Grund dafür, dass ich zu euch kam, war, dass ich irgendwie doch noch keinerlei Ahnung vom echten Handel hatte!«

Philip nickte, auch wenn Ecki es nicht sehen konnte.

»Ich hatte ja schon getradet, bevor ich zu euch kam. Aber eben ohne jedes tiefgründige Fachwissen. Und zum anderen hatte ich mich nicht unter Kontrolle. Alles, worauf ich aus war, war Traden. Scheiße. Ich war besessen davon. Ich war in den Vorhersagen von Charts unersättlich. Es schüttelt mich, wenn ich daran denke, wie ich damals war, und an das Leben, das ich führte. Ich versuchte, so viele Trades wie möglich durchzuführen. Aber nach der Beendigung eines Trades hatte ich nur für kurze Zeit Ruhe, bald überwältigte mein Verlangen mich wieder. Börse, Börse, Börse ... Es war wie eine Sucht.«

Philip unterdrückte ein Lächeln, denn dies konnte er nur allzu gut nachvollziehen.

»Nur in dieser kurzen Zeit abends nach Börsenschluss oder am Wochenende, wenn die Charts ruhten«, fuhr Ecki fort, «konnte ich richtig leben, in Harmonie mit mir. Da konnte ich mich meiner Familie widmen oder meinen Hobbys nachgehen.«

Ha, da sind sie wieder, die Worte aus dem Tagebuch!

Ecki hielt kurz inne, bevor er weitersprach: »Tja, und nun bin ich pleite. Mein schönes Tradingkonto hatte sich atomisiert und in seine Bestandteile aufgelöst. Alles, was ich dann erneut auf meinem Konto einzahlte, ging auch in die ewigen Jagdgründe. Ich kann gar nicht so traurig sein, wie ich mich fühle. Alles verzockt. Alle Ersparnisse in nichts aufgelöst. Familie kaputt, und psychisch bin ich voll am Ende. Ich erinnere mich, dass ich von euren Ausführungen zum Handel und euren Erfahrungen sehr gefesselt war. Das Aufsaugen von Fachwissen wurde zu einem weiteren Zwang, aber leider ersetzte es meine Zwanghaftigkeit im Trading nicht, sondern existierte bloß parallel zu ihr. Ich weiß noch, dass ich jeden Morgen dem Börsenbeginn mit großen Erwartungen entgegensah, und trotzdem endete fast jeder Tag in der Regel mit Enttäuschungen.«

»Ich glaube, dass dein Zwang zum permanenten Traden vom stetigen Fall des Kontostands her zu begreifen war.«

»Ja, zu dem Schluss bin ich jetzt, wo aufgrund der erzwungenen Abstinenz genügend Abstand vorliegt, auch gekommen.«

»Wir wollten während deiner Zeit bei uns nur eines: Dass du dein ständiges Scheitern und deine Verzweiflung ergründest, verstehst und damit umzugehen lernst.«

»Aber offensichtlich habt ihr es nicht hinbekommen!«

»Moment«, unterbrach Philip. »Dir schien ja jede unserer Lösungen verdächtig!« Stille.

»Ja, so könnte man es auch sagen!«

So könnte man es auch sagen? ... Philip wusste es und Ecki, so war anzunehmen, doch eigentlich auch: Dass Ecki aus keinem Regelwerk richtig gefolgert und keinen Trade von ihm gut begründet durchgeführt hatte. Und, was noch schlimmer war, kein einziger der Tage hatte, trotz Zunahme an Fachwissen, die leiseste Auswirkung auf Eckis Trades der darauffolgenden Tage gehabt.

»Tja, ich musste schmerzhaft lernen, dass die Börse ein Profi ist. Sie weiß, wie sie dich packen und filetieren kann. Jeder Trader hat eine *wunde Stelle*. Die sucht sie, und dann würgt sie dich so lange, bis du da bist, wo sie dich haben will, am Boden«, gab Ecki zu. »Börsenhandel wurde wie zu einer Sucht, wie bei einem Spieler, und das wusste ich. Und ich glaubte, dass ich sie nur durch abrupte Disziplin oder gänzlichen Entzug wieder loswerden könnte.«

Philip schluckte und grübelte, wo seine wunde Stelle sei. »Aber dann musste dir auch irgendwann klar werden, dass nicht wir daran schuld waren, wenn du das Vertrauen in dich und deine Arbeit verloren hast«, bemerkte Philip. Ein leichtes Brummeln wollte ihm als Antwort hierzu nicht genügen, sodass er nachhakte: »Ich erinnere mich, dass Hofner sehr viel Zeit darauf verwendet hat, dich dazu zu animieren, deine Trades zu erkunden. Du hast es aber nie getan. Das hat mir, ehrlich gesagt, nicht eingeleuchtet. Damals nicht und auch heute nicht.«

»Was denkst du, warum das so war?«, fragte Ecki mit einem bitteren Lachen. »Aber ehrlich!«

Philip hielt kurz inne, ging zum Fenster und schaute in die untergehende Sonne. »Im Lauf der Zeit wurde es sehr anstrengend für uns, dass du bei uns warst. Täglich wiederkehrend und ohne jeglichen Anflug von Verbesserung deine sinnlosen, weil unbegründeten Trades zu sehen und gleichzeitig deinen ständigen Wunsch nach neuen, anderen Regelwerken und Signalen zu vernehmen. Aus deiner Sicht war es doch bestimmt auch quälend, oder?« Philip machte eine Pause, überlegte kurz und fuhr dann fort: »Was sollten wir dir noch weiter beibringen, als dass du selbstständig anfängst, deine Trades zu ergründen. Aber du hast die Ausschau nach neuen Chartanalysen vorgezogen. Aber egal, was an Wissen neu hinzukam, dies hat den wahren Grund deiner Trades nicht verändert. Der ist geblieben, was er tatsächlich war: *der erbarmungslose Drang, das verlorene Geld zurückzubekommen*. Entschuldige, Ecki! Du wolltest eine ehrliche Antwort – das war sie!«

Ecki war wie betäubt. Die Stimme eines anderen antwortete für ihn: »Okay, das war wirklich sehr offen. Danke!« Ecki schluckte, und Philip hörte, dass er sich eine Zigarette anzündete. »Ich war während des Tradings eigentlich immer unglücklich«, gestand Ecki schließlich. »Ich wurde immer mehr von reinen Zwängen getrieben. Nachdem ich die Zeit bei euch nicht mehr für sinnvoll hielt, probierte ich weitere Seminare und Trader-Coaches, Signale und Bücher aus. Ich wollte die Gedanken der klügsten Trader absorbieren, die die Börse hervorgebracht hat.«

»Und keiner konnte dir helfen?«, fragte Philip zwar voll Mitleid, aber eher rein rhetorisch, denn er wusste, dass Hilfe von außen in diesem Fall nicht von Nutzen sein konnte.

»Nein. Ein Misserfolg. Zeitraubend und teuer.«

»Alle anderen Systeme, Ideen und Ansätze haben es auch nicht geschafft, deine Zwänge und deine Sucht zu beseitigen oder gar zu erklären? Nichts milderte deine Besessenheit?«, fragte Philip, die Antwort bereits kennend.

»Genau.«

Philip erinnerte sich an seine eigenen Anfänge: »Achte darauf, dass du nicht anfängst, den Wechsel von Ansätzen, Seminaren und die Suche nach externen Signalen nur dazu zu benutzen, einer echten Analyse deiner selbst aus dem Weg zu gehen«, hatte damals Sander ihm immer mit auf den Weg gegeben.

»Jetzt, im Nachhinein betrachtet …«, Ecki stockte erneut kurz, »… ja! Aber vielleicht wäre es an der Zeit für eine kleine Relativierung. Es stimmt nicht ganz, dass ich gar nichts von euch bekommen habe. Hofner hat zwei Äußerungen gemacht, die sich in mir festgesetzt haben und die womöglich einen wesentlichen Teil zu meinem heutigen Erkenntnisstand beitrugen.«

»Und welche waren das?«

»Na ja, die erste hört sich nach nichts Besonderem an, aber sie tat ihre Wirkung. Ich hatte Hofner von einem meiner typischen Trades erzählt – du weißt schon, irgendwo in den Markt hüpfen und dann beten, dass man recht hat. Ich erinnere mich, dass ich ihn um seine Meinung dazu gebeten habe und wissen wollte, ob er das Ganze fachlich oder klug fände.«

»Und? Was hat er dir geantwortet?«

»Er sagte, er fände es weder fachlich noch klug, sondern mittlerweile nur öde. Der Gedanke, als Trader ein ödes Leben zu führen, versetzte mir einen Schock.«

»Man will nicht gern von Zuständen hören, gegen die man was tun muss.« Philip sprach aus eigener Erfahrung.

»Nun, Hofner schlug vor, ich sollte mir den Satz: ›Handelte ohne Sinn und vor allem ohne Verstand‹ auf meinen Grabstein meißeln lassen. Und fügte dann noch hinzu, diese Inschrift könnte man ohne Weiteres auch für meinen Goldfisch nehmen – ich könnte den gleichen Stein also für mich und für meinen Goldfisch verwenden.«

»Ziemlich hart. War er wirklich so direkt?«

»Ja, aber ob direkt oder nicht, wichtig waren Effektivität und Wirkungsdauer von Hofners Äußerung. Ich habe sie heut noch im Ohr, aber leider erst zu spät verstanden.«

»Nun ja, Hofner sieht im Trading schon immer eher die Berufung als den Beruf, eine Beschäftigung für Menschen, die gern geistig arbeiten. Bei dir erkannte er nicht genügend jene eigene Fürsorglichkeit. Ein guter Trader will sein eigenes Leiden lindern, will sich selbst dabei helfen, zu wachsen.«

Eine kurze Pause entstand, bevor Ecki Philip von seinen Wochen auf dem Land erzählte. Nachdem er sein Konto plattgemacht hatte und dann auch noch seine Frau mit den Kindern auszog, brauchte er Abstand, Abstand zu allem.

»Das war bestimmt nicht uninteressant, mal in sich reinzuhorchen?«

»Ich habe das Gefühl, dabei auf etwas Wichtiges gestoßen zu sein dabei ...« Ecki machte eine lange Pause, während der er nach den passenden Worten suchte. So wie an Sterbenden das Leben noch einmal vorbeizog, schossen ihm innerhalb weniger Sekunden nochmals die Erinnerungen an die Zeit auf dem Lande durch den Kopf: an die Gedanken und Gefühle, die er dort zu den vielen Hundert, vielleicht sogar etlichen Tausend Trades gehabt hatte; an die unzähligen Stunden, Tage und Abende, die er tradend vor dem Rechner zugebracht hatte. Zunächst hatte Ecki über seine damaligen kopflosen Trades und Reaktionen lachen müssen. Doch je länger er gegrübelt hatte, desto klarer hatte er erkannt, dass er, obschon Verstandesmensch und erfolgreicher Unternehmer, doch auch Wucherungen abergläubischer Leichtfertigkeit und blinden Aktionismus im Kopf beherbergte. Und nicht einmal in allzu großer Tiefe, sondern knapp unter der Oberfläche harrten diese auf ihren Auftritt. Ausgelöst durch zum Beispiel so nichtige Anlässe wie einen Minustrade, den es dann galt, auf der Stelle wieder auszugleichen. Ach, gäbe es doch eine spezielle OP für Trader, die Ecki rechtzeitig von all den tausend Fäden befreit hätte, welche ihn an die Welt der Charts und ständigen Kursveränderungen gebunden hielten und ihn unter dem beständigen Schmerz von Begierde, Furcht, Neid und Zorn hin und her gerissen hatten.

Diese Erkenntnis, dieser Wunsch Eckis war nicht ungewöhnlich. Anfänger treten fast immer mit einem arg begrenzten Ziel in die Materie ein;

zum Beispiel, um schnell irre viel Geld zu erwirtschaften, ein freies Leben zu führen oder ihre Unabhängigkeit zu erreichen. Nach wenigen Monaten formulieren sie dann häufig andere, weit grundlegendere Ziele, etwa das Erlangen von Disziplin, das Wiederfinden ihrer Lebensfreude und ihres Selbstwertgefühls.

»Ecki? Bist du noch dran? Auf was bist du gestoßen?«, hakte Philip nach.

Ecki tauchte seufzend aus seinen Erinnerungen auf, setzte sich vor seinen dunklen Bildschirm und sprach in den Hörer. »Ich … ich, ich war leider noch nicht reif dafür …« Er schob die Maus, welche der verlängerte Arm für unzählige Trades war, hin und her. »Mein Konto ging schneller zur Neige, als ich zur inneren Reife gelangt bin.« Philip lauschte den Worten von Ecki, denn auch er hatte das Wort »Reife« unzählige Male im Büro gehört und fragte sich, wie es um seine eigene Reife stand. Ecki war zwar nicht nach Scherzen zumute, trotzdem hatte er gerade ein Bild von sich vor Augen, über das er wehmütig schmunzeln musste und das er Philip beschrieb: »Nachdem ich all mein Geld in den Börsenhandel eingezahlt und so viele Tage sinnlos vertan habe, komme ich mir nachträglich wie eine mechanische Puppe vor. Eine Puppe, der ein großer Schlüssel aus dem Kopf ragte und über die die Börse jeden Morgen erneut sagte: Zeit, sie wieder aufzuziehen …«

»Also hast du erkannt, dass dir ab einem gewissen Punkt auch die weitere Ansammlung von Wissen keine Lösung bot?«

»Ja. Erst jetzt, wo ich durch meine völlig unproduktive Sucht nach Trades keine Möglichkeit mehr habe, am Börsenhandel teilzunehmen, ist mir der Sinn der Worte klar geworden, die Hofner mir bei meinem freiwilligen Abschied mit auf den Weg gab: *Das Talent gleicht dem Schützen, der ein Ziel trifft, welches die übrigen nicht erreichen können; das Genie dem, der eines trifft, bis zu welchem die übrigen nicht einmal zu sehen vermögen …«*

»*… und dieses Genie zu werden ist die Hauptaufgabe eines Traders. Und lass dir gesagt sein, das Ziel besteht nicht in der Interpretation von Signalen …*«, vervollständigte Philip den Satz, denn auch er hatte diese Worte unzählige Male zu hören bekommen. Keiner wusste übrigens, ob Hofner diese Weisheit selbst entwickelt hatte oder ob er sie nur aus einem Buch zitierte.

Philip hatte das Gefühl, dass er allmählich Schluss machen musste. Er spürte, dass das Telefonat in Ecki vieles aufwühlte. »Wie müsste sich nach deiner Meinung diese *innere Reife* eigentlich äußern? Woran erkennt man sie?«, wollte er von Ecki zum Abschluss wissen.

Diesmal kam die Antwort sofort. »Ganz klar! Für mich ist es der freiwillige Verzicht auf *mehr.*«

»Okay, nur eine Frage noch«, drängelte Philip. »Wenn du erkannt hast, dass es die fehlende innere Reife, der fehlende Mut zum freiwilligen Verzicht waren, die dich in die Pleite trieb, wieso gibst du uns dann die Schuld an deinem Scheitern? Schließlich kamst du doch ohne Zwang, ganz aus freien Stücken auf uns zu. Daher hatten wir auf deinen Eintritt und Austritt aus dem Trading doch keinerlei Einfluss.«

»Nun, ihr habt mich mehr als alle anderen zum Nachdenken angeregt und angehalten, den Blick auf das Wesentliche zu richten. Aber: Als ihr gesehen habt, dass ich es nicht hinbekomme, hättet ihr mich aufhalten müssen. Eure Erfahrung hätte euch sagen müssen, dass ich noch nicht reif dafür war!«

Heiliger Bimbam! He?

Philip runzelte die Stirn, versuchte aber ruhig zu bleiben, obwohl ihm das gerade alles zu viel wurde: Die Anspannung des Tages, sein riesiger und vor allem mega-dummer Minustrade um 14:30 Uhr, das Kofferpacken für morgen, dazu war er hundemüde und kam um vor Hunger ... und jetzt warf Ecki ihm vor, dass er und seine Kollegen ihn hätten aufhalten müssen? *Oh, nee!*

»Wie hätte das denn gehen sollen?«, wollte Philip daher noch unwillig zum Abschluss wissen.

»Ihr hättet ganz genau sagen müssen, dass das Trading nichts für mich ist und dass ich verdammt noch mal besser die Finger davon lassen soll!«

»Wie hätten wir *das* tun sollen? Hätte das denn geholfen – ein paar nichtssagende, mitleidige Worte zu murmeln? Hättest du uns denn geglaubt, nachdem du sonst schon nicht auf uns gehört hast? Und vor allem ... Wem von uns hättest du denn genügend Autorität zugebilligt, dass der dir seine Meinung hätte sagen dürfen und du diesen Rat beherzigt hättest?«

»Ach, keine Ahnung«, sagte Ecki. »Ihr hattet die Erfahrung, und ihr habt doch gesehen, dass ich mit dem Handel nicht zurechtkam. Ihr hättet mich irgendwie stoppen müssen!«

Der plötzlich gereizte Tonfall Eckis sagte Philip, dass es besser sei, das Telefonat nun zu beenden. Er bedankte sich trotz seiner Verärgerung bei Ecki für das offene Gespräch, wünschte alles Gute und bot ihm an, nach seiner Rückkehr aus Bangkok jederzeit anrufen zu können, um das Gespräch fortzusetzen.

Nach diesem Telefonat brauchte Philip dringend einen doppelten Espresso. Er ließ sich mit seiner Tasse in der Küche nieder, ging dann zurück ins Wohnzimmer, wo er den Fernseher laut stellte. Doch die Spielshow interessierte ihn nicht, deshalb schaltete er um und erwischte eine Folge von »Gute Zeiten, schlechte Zeiten«. Das war genau die Höhe von Anspruch, die er jetzt brauchte, mehr hätte er heute auch nicht mehr verkraftet. Philip ärgerte sich trotzdem weiter über Eckis letzte Aussage und versuchte daher, diese aus seinen Gedanken zu verdrängen. Zum anderen fragte er sich, ob ihn nicht auch dasselbe Schicksal wie Ecki ereilen konnte. Nach einer Weile stand er auf, ging auf die Terrasse und blieb vor den kräftig blühenden Rosenbüschen im Garten stehen. Es kündigte sich ein schöner, klarer Sommerabend an, aber Philip konnte sich nicht darauf konzentrieren.

Okay. Gaaanz ruhig. Tief durchatmen. Wie spät ist es? Ich muss unbedingt mit Hofner sprechen! Während er Hofners Nummer wählte, kaute Philip an seinem Daumennagel. *Komm schon, Hofner. Geh ran!* Nach längerem Läuten meldete sich leider nur die Mailbox: »Hi. Hinterlassen Sie mir bitte eine Nachricht.«

Mist. Und was jetzt?

Philip ließ sich ein Bad ein, um sich etwas zu beruhigen. Während das Wasser in die Wanne rauschte, untersuchte er sein Gesicht im Spiegel über dem Waschbecken. *Werde ich tatsächlich alt? Oder wird ein Trader eher alt als andere Leute?* Philip ging ganz nah an den Spiegel heran und legte den Kopf schief. Um seine Augen herum zeichneten sich ein paar feine Fältchen ab. Er zog die Nase kraus, worauf sich die Fältchen zu seinem Missfallen vertieften. *Iiii! Traderfalten!* Seufzend trat er einen Schritt zurück. Wenigstens war sein Körper ansonsten gut in Schuss. Er hob sein T-Shirt und klopfe sich auf die Bauchmuskeln. *Hmm.* Zugegebenermaßen nicht mehr ganz so fest wie früher, aber alles in allem war er zufrieden. Schließlich saß man als Trader den ganzen Tag nur rum. Keine Bewegung. Kein Schritt. Keine körperliche, nur geistige Anstrengung.

Langsam drehte er sich zur Seite, um sein Profil im Spiegel zu betrachten. *Einziehen. Ein-zii-eh-en.* Philip atmete ruckartig aus und beobachte zu seinem grenzenlosen Entsetzen, wie sich unter dem Bauchnabel eine kleine Falte bildet. *Neiiin! Das darf doch nicht wahr sein! Oh, mein Gott. Ich habe einen Hängebauch!!! Wie konnte ich mich nur derart gehen lassen? Scheiß Rumgesitze!*

Philip plumpste auf den Boden und begann fieberhaft, Sit-ups zu machen.

Eins – zwei – drei– vier. Jawohl. Weg mit dem Trader-Hängebauch!

Neun–zehn–elf. Das sollte ich jeden Tag machen, dann habe ich null Komma nix wieder einen perfekten Waschbrettbauch, wie es sich für einen dynamischen Händler gehört.

Zwölf – dreizehn – vierzehn. Ha! Von wegen, Trader bewegen sich nicht.

Fünfzehn – sechzehn. Puh. Jetzt fangen meine Muskeln richtig an zu brennen.

Siiiiebzehn … aaachtzehn. Meine Güte. Diese Schmerzen! Das ist ja nicht auszuhalten.

Ächzend strecke Philip alle viere von sich. Jämmerlicher Auftritt. Absolut jämmerlich. Er merkte, dass er wieder an Ecki denken musste. *Das war so was von typisch!* Eine Krise kam eben selten allein. Erst der riesige Minustrade, dann die Sache mit Ecki und jetzt noch Falten!

Philip beschloss, es noch einmal bei Hofner zu versuchen. Er ging nach drinnen, kramte sein Handy hervor und klickte auf Wahlwiederholung. Diesmal hatte er Glück. »Hey …«, sagte Hofner. Er war gerade beim Essen, Philip hörte, wie er das Besteck beiseite legte und seiner Frau zu verstehen gab, wer dran war. »Was gibt's?«

Philip berichtete von seinem Telefonat mit Ecki und dessen zwei Highlights: der inneren Reife bzw. dem freiwilligen Verzicht und Eckis Vorwurf zum Ausgang des Gesprächs, ihn nicht rechtzeitig vom Handel ferngehalten zu haben.

Hofner kannte diese Art Gespräche. Wie von so manchem Tradinganfänger konnte er sich auch Eckis Meinung im Kopf gut vorstellen: »Das zwischen Ihnen und mir war eine kommerzielle Transaktion. Ich habe Ihnen Geld gezahlt, und Sie haben mir Fachwissen mitgeteilt. Ich habe für das Seminar und die Beratungsstunden prompt bezahlt. Die Transaktion ist vorbei, und wir sind quitt; ich schulde Ihnen nichts. Aber: Sie sind der Gewinner bei diesem Geschäft. Denn Sie haben Ihr Honorar erhalten, während ich aus dem von Ihnen Mitgeteilten für mich nichts von nachhaltigem Wert aufbauen konnte. Stattdessen habe ich jetzt zum Traden weniger Geld als zuvor.«

Hofner gab Philip zu verstehen, das Schlimmste für Ecki, wie auch jeden anderen Trader, der diese Meinung vertrat, sei, dass der Zahlende im Nachgang keinen eigenen Mehrwert aus dem Kauf einer Fachzeitung für 10 Euro, eines Buches für 40 Euro, aus dem Besuch eines Vortrags für 200 Euro, eines Tagesseminars für 500 Euro, eines Coachingtages für 2.500 Euro oder eines großen Seminars für 5.000 Euro generieren könnte. Aber: Der Wissen vermittelnde Trader, der Referent oder der Autor schuldete dem Wissen nehmenden Trader tatsächlich nichts. Vorausgesetzt, die Dienstleistung war qualitativ hochwertig und vor allem das Wissen fachlich tiefgründig hergeleitet und erbracht worden. Der, der Fachwissen, seine Erfahrungen und seine Gedanken an einen anderen Trader weitergab, stand im Falle des Misserfolgs nicht in dessen Schuld. Hofner betonte dabei, dass seine Worte nur dann Gültigkeit hätten, wenn das Buch dem Leser oder das Seminar, der Coach mit seinen Worten dem Zuhörer den Börsenhandel nicht als *einfachste Sache der Welt* darstellten, sondern den Leser oder Zuhörer zum Nachdenken anregten. Kurz: Man sollte etwas nicht nachahmen, weil man daran glaubte, sondern weil man *es verstanden hatte*.

»Der Vorwurf wird dennoch hin und wieder im Raum stehen«, fuhr Hofner fort, »denn das, was sich so mancher Tradinganfänger ersehnt, können wir sowieso nicht geben, weil wir es nicht haben!«

»Wir können es nicht geben, weil wir es nicht haben?«

»Ich meine die *selbst gemachten Erfahrungen,* die Erfahrungen, die man beim Trading mit dem Trading macht, also die allgemeinen Erfahrungen und diejenigen, die man beim Trading mit sich als Person macht, also die speziellen Erfahrungen. Jene seltsamen Erfahrungen – wie gedankliche Geburtswehen beim ersten freiwilligen Zusammentreffen mit dem Recht auf den eigenen Verzicht. Wie soll ich es beschreiben ...«, Hofner nippte kurz an seinem Wein, »... jener Mut zu den Mitternächten der Seele. Ein wahrer Trader ist ein Mann von Geist. Nur fragt sich ein Trader zu Beginn seiner Karriere ständig, ob *verwirrter Geist oder geistvolle Verwirrung.*«

Philip hörte, wie Hofner sein Glas auf den Tisch stellte, während seine Frau Edith ihm liebevoll zu verstehen gab, dass das Abendessen dabei war, langsam kalt zu werden. »Bringen wir es auf den Punkt ...«, meinte Hofner. Philip liebte diese Aussage, denn Hofner verstand es wirklich, ein Problem kurz und knapp auf den Punkt zu bringen. »Du grübelst darüber nach, ob ein erfahrener Trader gegenüber seinen Schülern in der Folge eine mögliche moralische Verpflichtung hat!?«

Ja. Genau. Das war es! Entsteht durch das Weitergeben von Wissen eine unausgesprochene spätere Verpflichtung?, dachte Philip.

»Philip, eine kurze Frage: Warum verdienst du Geld im Börsenhandel?«

Philip kam ins Grübeln und antwortete nicht gleich, daher konkretisierte Hofner: »Verdienst du Geld aufgrund deines Ansatzes im Börsenhandel oder wegen deiner Persönlichkeit?«

Hofner, das fiel Philip in diesem Moment wieder auf, beherrschte es meisterlich, mit einer ganz einfach klingenden Frage auf die Nebensächlichkeit einer Sache hinzuweisen. Für alle, die es dann immer noch nicht verstanden, hob er im nächsten Zug die einzig mögliche Antwort umso deutlicher hervor.

»Ich denke, ich weiß, was du sagen willst!«

Hofner wusste, dass die Antwort hierauf einem Tradinganfänger selten gefiel. Aber so lautete sie nun mal. Man durfte einem Tradinganfänger niemals vorschreiben, was er schlussendlich tun sollte: Das war *seine* Aufgabe, *seine* Entscheidung, nicht die des Lehrenden. Ein Grund, dass viele Tradinganfänger scheitern, ist der, dass sie lernen müssen, ihrem eigenen Urteil zu vertrauen. Ein weiterer Grund ist der, dass alles, was man über Trading und den Börsenhandel lernen kann, durch Erfahrenere vermittelt wird. Und diese sind in dieser Hinsicht einfach befangen, da sie bereits wissen, dass das Fachwissen der kleinste Teil des Projekts »Börsenhandel« ist. Man kann als Lehrer nur nachhaltig helfen, indem man sich auf den eigenen Anteil an der misslichen Lage zu konzentrieren versucht.

»Die Handelsregeln, ob nun Markttechnik, Indikatoren, Candlestick-Muster, Fibonacci, Elliot-Wave, nach den Mondphasen oder was weiß ich, kann man im Großen und Ganzen nicht ändern. Die eigenen Gefühle, das eigene Verhalten – das ist es, worauf es hier ankommt, denn *sich selbst* kann man verändern.« Hofner unterbrach sich und raunte seiner Frau zu, dass es nur noch drei Minuten dauern werde. Offenbar wurde sein Essen kalt. »Man kann einen Tradinganfänger über Tage, Wochen, Monate und Jahre ganze Trading-Bibliotheken studieren lassen. Aber in welchem Regal steht das Buch mit dem Titel: *Veränderung der Persönlichkeit*? Selbst wenn es jenes Buch gäbe, nach wie viel Seiten, oder anders gesagt, nach wie viel Wochen tritt eine nachhaltige Änderung ein?«

Philip blieb still.

»Überleg mal, wie sich deine Persönlichkeit in den letzten Jahren wirklich geändert hat. Die Betonung liegt auf geändert, gewandelt!«

Die Persönlichkeit ändern? Das war es!

Philips Blick fiel, von einem wiederkehrenden Geräusch angezogen, auf eine Fliege, die wiederholt gegen das geschlossene Fenster flog, obwohl nur zwei Meter weiter die große Terrassentür offen stand. Ähnlich war es ihm am Anfang auch ergangen. Er hatte den Blick auf das Wesentliche noch nicht gehabt. Aber im Lauf der Jahre veränderte sich seine Persönlichkeit tatsächlich. Trades mit unkontrollierbaren Risiken verabscheute er nun geradezu. Vom ehemaligen Ziel der permanenten Maximierung seiner Gewinne abgekommen, galt es stattdessen nun tagtäglich zu vermeiden, dass man ihm diese amüsante Geldmaschine namens Börsenhandel wegnahm. In die Langeweile irgendeines Büroalltags in der Welt außerhalb des Börsenhandels zurückkehren zu müssen, würde ein Fiasko für ihn bedeuten. Und zu guter Letzt war es genau dieser Weiterentwicklung seiner Persönlichkeit zu verdanken, dass er nun stolz sein konnte, seine Strategie so lange durchgehalten zu haben – trotz des immer wieder empfundenen Drucks, bei jedem Trade und jeder Chartkonstellation seine Männlichkeit unter Beweis stellen zu müssen. Er stellte seinen Tradingstil nicht mehr infrage, auch wenn andere mit anderen Ansätzen reich wurden oder die Natur des Zufalls missverstanden und so urplötzlich Geld häuften.

»Hey, Philip. Wie lange hast du dich denn bereits dem Börsenhandel verschrieben?«, wollte Hofner wissen. »Sechs Jahre? Oder sind es schon sieben? Na, egal. Überleg mal: Was wäre geschehen, wenn wir Ecki wirklich zum Aufhören gedrängt hätten?« Hofner ließ Philip kurz nachdenken und fuhr, ohne auf dessen Antwort zu warten, fort. »Nichts wäre geschehen. Rein gar nichts! Es wäre einem Anschlag auf sein Selbstwertgefühl, auf seine Integrität gleichgekommen. Er hätte die Verbindung zu uns sofort abgebrochen und hätte dennoch, oder …« Hofner betonte die folgenden Worte besonders, » … er hätte dann *erst recht* weitergehandelt.«

Philip dachte darüber nach: *Würde ich einen Dritten um Hilfe bitten und dieser meinte nach einiger Zeit: Lass es lieber, dafür bist du nicht geeignet … ich würde auch denken: Das kann ich doch wohl selbst besser entscheiden!*

»Das Leben eines jeden Traders verläuft konzentrisch und ist nicht umkehrbar«, fuhr Hofner noch fix fort. »Die verschiedenen Stufen und Einsichten kommen zeitlich nacheinander, und vielen Tradern bleibt das innere Wachstum verschlossen, weil ihr Kontoverlauf diese Erkenntnis nicht mehr hergibt bzw. zulässt. Das ist wie bei der Diagnose Krebs. Es ist eine Frage der Zeit, wer gewinnt: Der Tumor oder die Therapie.« Hofner hielt kurz inne. Er wusste, dass genau dieses konzentrische Lernen im Trading für die emotionale Abwechslung und Achterbahn sorgte, denn an jede gehörte oder gelesene Theorie schließen sich jeweils praktische Wochen an. Die Trades geben ein Feedback über das Gelernte, und individuelle Zugänge zum erlernten Stoff tun sich auf. Das Lernen im Trading erfolgt mit steigenden Ansprüchen, womit das Lernen auf dem Gebiet des Börsenhandels nicht zu einem bestimmten Zeitpunkt, an einer bestimmten Anzahl von Trades ein Ende hat. Es kann auch nicht begriffen werden im Sinne eines stufenweisen linearen Erklimmens einer Leiter, da das Lernen in konzentrischen Kreisen auf jeweils wichtige neue, früher unbekannte Lernfelder ausgeweitet werden muss.

Hofner gefiel schon immer dieses Symbol der »wachsenden Ringe« und damit die Vorstellung, dass sich das Trading in konzentrischen Kreisen, vom Nahen zum Fernen, erschloss und dass ein Trader den nächsten Erfahrungskreis erst betrat, wenn er den weiter innen liegenden ausgeschritten hatte. Jede Mitte, von dem diese konzentrischen Ringe ihren Ausgang nehmen, ist bereits mit der eigenen Psyche verflochten, von dem Hadern des Händlers mit sich selbst durchdrungen. Jede Tradingphase, jeder Trade, jedes Interpretieren eines Charts muss daher als Hologramm begriffen werden: Jeder Verlauf eines Trades und die dabei aufkommenden Gedanken, die wie Bindfäden sind und sich in endlosen Schlingen um Kopf und Körper legen, prägen die Psyche eines Traders; die Psyche als Ganzes wiederum ist zugleich immer in jedem der getätigten Trades präsent.

»Erst vor Kurzem wurde ich gefragt, ob ich das Trading irgendwann einmal auch gehasst habe … Diese grausame Art der Beschäftigung. Einzig und allein getrieben von Torheit und Missverständnissen.«

»Was hast du geantwortet?«, wollte Philip wissen.

»Nur mich habe ich gehasst, dafür, dass ich es nicht ertragen konnte.« Hofner hielt kurz inne, um sich die nächsten Sätze genau zu überlegen. »Schau! Jeder Trader, also auch Ecki, ist ein Mensch aus Fleisch und Blut, und wir Menschen neigen leider dazu, unseren Gedanken freien Lauf zu lassen. Also müssen wir, und damit auch Ecki, immer damit rechnen, dass diese nach Belieben in unser durch Erkenntnis erbautes Gefängnis der Disziplin herein- und ebenso wieder herausflattern. So, und dann gibt es im Börsenhandel schon von jeher grundsätzlich noch jene Trader, die so sehr mit dem Fachwissen und den Gedankenanstößen der Erfahreneren konkurrieren, dass sie ihre positive Entwicklung verheimlichen, nur weil sie den Lehrenden die Befriedigung und das Bewusstsein darum, ihnen geholfen zu haben, nicht gönnen.«

»Er brachte übrigens auch dein Gleichnis mit dem Genie an.«

»Nun, jetzt, wo er seit Monaten Abstand zum Handel hat, wird er es verstehen. Man muss als Trader anders vorgehen als sonst und sich auf sehr indirektem Weg an seine Beute anschleichen. Wissen kann man es recht schnell. Aber es ist schwer auszusprechen und noch schwerer, es tagtäglich umzusetzen.«

Philip seufzte innerlich: Irgendwann im Leben kam man als Trader bestimmt an einem Punkt an, an dem keine Fragen mehr offen waren. Dann herrschte wahrer Friede. Man hatte keine Angst mehr vor Entscheidungen, empfand keine Orientierungslosigkeit – nur noch Ruhe. Bereits frühmorgens, direkt nach dem Aufstehen wäre man bekleidet mit und geschützt durch eine Spezial-Ritterrüstung, extra entworfen für das markttechnische Nerven-kostüm und erworben durch – neben unzähligen Dollars und Euros – aberwitzigerweise auch jede Menge Nerven. Der Vorteil dieses schicken Outfits: Es wog kein einziges Gramm, war aber gottlob von enormer Gewichtigkeit.

»Philip, soll ich dir sagen, warum du so deprimiert bist?« Hofner wartete Philips Antwort gar nicht erst ab, sondern fuhr fort: »Vielleicht, weil du heute Mittag gesehen hast, wie Ecki litt. Und du dich fragst, ob dir das auch passieren kann. Stimmt`s?«

Schluck.

»Du bist deshalb bedrückt, weil der Börsenhandel, speziell das Trading, sich plötzlich so enttäuschend darstellt, sobald man erkennt, wie dünn und fadenscheinig das Gewebe, wie grob gestrickt die Illusion, wie laienhaft vernäht die Rückseite ist. Weil bei so manchen privaten, aber auch professionellen Händlern deren Trades nur durch Geheimnistuerei und Vergessen erträglich werden. Weil man es als Tradinganfänger ohne den Schlaf, der einen jede Nacht aus der Wirklichkeit der Charts reißt, nicht aushält. Nicht wegsehen können macht traurig. Dabei sein macht aber auch traurig. Erkenntnis lässt einen verzweifeln. *Warum das so ist?* Weil man erkannt hat, dass der Börsenhandel nur von *Beständigkeit* lebt.

Aber, wie es halt im Leben, so auch im Trading, ist, man macht oft kurz vor der Zielgeraden die größten Fehler. Und so verzichtet man selbst als erfahrener Trader gern mal auf den Rat aller, die sich auskennen, eingeschlossen sich selbst. Man riskiert zu viel oder hadert mit dem Stopp, und … will daraufhin den entstandenen Minustrade wieder rausreißen und … und … ? Das Schicksal ist besiegelt!«

Mhm.

Hofner fuhr fort: »Und daher ist die *einzige* Pflicht als Lehrer, Tradinganfängern als auch Fortgeschrittenen das Mitdenken beizubringen, damit sie so auf ihrem Weg zum und durch das Trading das fachliche wie geistige Vermögen erwerben, auf sich selbst zu reagieren.« Hofner wusste, dass dies leider nur sehr wenige Seminare, Vorträge und Coachs wirklich leisten konnten. »Ich weiß nicht, ob und wie vielen Tradern ich im Laufe meines Lebens geholfen habe. Aber ich weiß, dass ich, wenn überhaupt, dann einen nachhaltigen Einfluss gehabt haben werde«, fuhr Hofner fort. »Denn ich habe jedem das Thema der *Beständigkeit* und *Duplizierbarkeit*, verbunden mit dem entsprechenden Fachwissen, erklärt und ans Herz gelegt.«

Wenn Hofner morgens aufstand und ins Büro schlenderte, wenn er tagsüber mit anderen Menschen sprach und wenn er nachmittags wieder nach Hause ging, fühlte er, dass er ein besonderer Mensch war. Aber nicht, weil er Trader war, nein. Er sah nur einfach viele Dinge anders; ihn konnte genau das ergreifen, woran andere achtlos vorbeigingen.

Menschen wie Hofner übten generell eine ungewöhnliche Anziehungskraft und Faszination auf andere aus, weil sich die gedankliche, philosophische, mitunter auch moralische Bewegung, in der sie sich unausgesetzt befanden, diesen mitteilte. Hofner verhalf anderen Menschen dazu, darunter nur allzu oft auch Philip, sich aus Gründen, die ihnen bisher entgangen waren, wieder selbstbewusst und wichtig vorzukommen. Mit dieser Eigenschaft, geistige Selbstbeschäftigung zu verbreiten, hatte er auch damals Philips grenzenlose Aufmerksamkeit erobert.

Hofner beendete das Telefonat, verbunden mit den besten Wünschen für den morgigen Flug.

Philip ging in die Küche, wo er eine angefangene Flasche Rotwein fand. Er nahm sein Tradingtagebuch und machte es sich auf der Couch bequem. »Warum verdienst du Geld im Börsenhandel?«, hatte Hofner gefragt. *Wow, die Frage hat es in sich. Weshalb bin ich im Lauf der Jahre immer besser geworden?*

Mal seh'n ... Weil ich Tausende von Charts angeschaut habe?

Quatsch! Deswegen kann ich trotzdem noch Blödsinn machen, siehe heute Nachmittag.

Weil ich acht Stunden ununterbrochen vorm Bildschirm sitze, also wegen meiner Ausdauer?

Ebenfalls Quatsch!

Dann hatte Philip es!

Er schrieb die Antwort in sein Tagebuch: *Weil ich angefangen habe, damit aufzuhören, mir behelfsmäßige Leugnungen über die Endlichkeit der Wissensaufnahme im Trading zu konstruieren.*

Genau!

Das war es! Das ist der Unterschied zwischen Ecki und mir. Daher kann mir nicht dasselbe passieren wie ihm.

Philip prostete sich zu und versank in Gedanken: Früher schreckte er generell vor der Vorstellung des freiwilligen Verzichts zurück, als hätte er sich versenkt, so durch und durch war er gefangen in seinem Aktionismus beim Trading. Aber mit den Jahren, und insbesondere heute, als er zum einen Ecki und zum anderen seinen heutigen eigenen sinnlosen 14:30-Uhr-Trades gegenüberstand, bemerkte Philip, dass seine Vehemenz gegen den freiwilligen Verzicht an Schärfe verloren hatte. Und als er sich erinnerte, dass er heute Nachmittag kurzzeitig seinen Namen auf der Liste der »sinnlos Einzahlenden« gesehen hatte, fragte er sich erneut, ob der Begriff *Demut* womöglich gar nicht so schlecht in Bezug auf Trading wäre.

Philip nahm einen großen Schluck Wein und dachte an das Telefonat mit Ecki zurück. Vielleicht waren es lediglich der aufgezwungene Verzicht und die aufgezwungene Anwendung des Regelwerks, die den meisten Tradern missfielen. Vielleicht ließ sich daher immer zu schnell fälschlicherweise ein gutes Wort für ein »klein wenig kreatives persönliches« Trading einlegen. Gemeint war also der Handel mal eben aus dem Bauch heraus.

Philip griff nach seinem Stift und schrieb: *Was ist schlimm daran für einen Trader, nach einem abgeschlossenen Trade ergriffen aufzustehen und dem Himmel zu danken für die Möglichkeit, an der Börse Geld zu verdienen? Es ist doch nichts Verkehrtes daran, die Börse zu ehren.* Moment ... Philip strich den »abgeschlossenen Trade« durch und schrieb stattdessen: ... *nicht den Trade, sondern die erforderliche Disziplin zu ehren, die aufgebracht worden ist. So eine Art eigenes Heiligsprechen?*

Philip stand auf, ging rüber zum Fenster, sah durch den zartgrünen Filter der Gartenluft auf die gräuliche Straße, wo nur noch wenige Autos, ein paar Mopeds und hin und wieder ein Fahrrad vorbeifuhren. Der Abend war angebrochen. Auf dem Dach sang eine Amsel, es roch nach warmer Erde und frischem Grün. Hinter Philip, auf dem Wohnzimmertisch, nahm sein aufgeklappter Laptop müde die letzten Daten des Handelstags in Empfang. Philip schätzte die Geschwindigkeiten, die Winkel, die lebendigen Kräfte auf- und absteigender Kurse, die das Auge blitzschnell auf sich zog, festhielt, losließ, die während einer Zeit, für die es kein fest definiertes Maß gab, die Aufmerksamkeit zwangen, sich für eine Richtung zu entscheiden, auszuharren, auf die nächsten Kurse zu starren, mitunter ihnen hinterherzuspringen, sich ihnen nachzuwerfen.

Er wandte sich ab und setzte sich vor den Rechner, schob, nachdem er eine Weile den Chart betrachtet hatte, grinsend die Maus beiseite und stellte fest, dass er, wenn er jetzt getradet hätte, Unsinn gemacht hätte.

Könnte man die Sprünge der Aufmerksamkeit messen, die Leistungen der Augenmuskeln, die Pendelbewegungen der Seele und all die Anstrengungen, die ein Trader vollbrachte, um den Fluss seiner Tradingtätigkeit aufrechtzuerhalten, es käme vermutlich – so hatte Philip gedacht und spielend das Unmögliche zu berechnen versucht – eine Größe heraus, mit der verglichen die Kraft, die ein Mensch braucht, um die Sonne oder die Sterne zu stemmen, gering war, und man könnte vor allem ermessen, welch noch viel größere ungeheure Leistung ein Trader vollbrachte, der einen Chart betrachtete und vorsätzlich gar nichts tat. Philip war gerade augenblicklich ein solcher Trader. »Man kann zwei Schlüsse daraus ziehen«, sagte er sich: Die Denkleistung und Disziplin eines Traders, der eine Zeitlang ruhig und ohne Position im Markt dem Fortlauf einer Marktbewegung, sozusagen auf dem Tribünenplatz, beiwohnte, waren bedeutend größer als die eines Sportlers, der einmal am Tag ungeheure Gewichte stemmte. Also besitzen wohl nicht nur die aktiven Trades, sondern auch die kleinen Alltagsleistungen eines Traders in ihrer Nicht-jeder-Marktbewegung-hinterherlaufenden-Summe oder besser: Nicht-Summe durch ihre Eignung für diese Summierung viel mehr Potenzial für das Konto als die heroischsten Trades. Jene von Aktionismus getriebene nutzlose Leistung erscheint dagegen geradezu winzig; klein wie ein Sandkorn, das mit ungeheurer Illusion auf einen Berg namens Tradingkonto gelegt wird.

Dieser Gedanke gefiel Philip. Aber es muss hinzugefügt werden, dass er ihm nicht etwa deshalb gefiel, weil er das Nichtstun im Trading liebte; im Gegenteil, es gefiel ihm, seinen von Aktionismus getriebenen Neigungen von einst, die größtenteils ohnehin nur für Minus sorgten, Schwierigkeiten zu bereiten.

Vielleicht war es gerade das Spießbürgertum im Trading, das den Beginn eines besseren, vor allem duplizierbaren und daher beständigen Heldentums vorausahnen ließ? Hofner nannte es irgendwann mal ein *rationalisiertes oder qualitatives Trading*. Kurz: Die Neigung zum freiwilligen Verzicht. Aber welcher Tradinganfänger schaffte den Weg bis dorthin?! Solche unbeantworteten Fragen größter Wichtigkeit gab es Hunderte im Trading. Sie lagen in der flimmernden Luft der Charts, sie brannten förmlich unter den Füßen und Fingernägeln.

Philip trank seinen Wein aus und lächelte seine gepackten Koffer an. Ein paar Wochen Thailand ... warmer Wind, Sonne, Pagoden, Mönche, leckeres Essen, meditativ angehauchtes Flair. Ein paar Wochen Luxushotel. *Au ja!* ...

Und nicht zu vergessen: ein paar Wochen mit Bambino Stan ... *yeap*. Eine Stunde später piepste sein Outlook. Philip begann, die neue E-Mail zu lesen.

FACHTEIL

DER HÄNDLER

Von: Hofner@yahoo.net
Betreff: Ein paar Tipps für die kommenden Handelstage mit unserem Bambino …
Erhalten: Heute, 23:11 Uhr

Hallo Philip,

nachdem wir uns vorhin verabschiedet hatten, beschäftigte mich, unabhängig von unserem späteren Telefonat, mal wieder lange die Frage deiner emotionalen Achterbahnfahrten und warum diese vom Trading so unheimlich begünstigt wurden – und manchmal auch heute noch werden. Andererseits: Du kommst immer gerade dann einen gedanklichen Schritt vorwärts, wenn du wie heute von der Börse mörderisch ein paar auf den Sack bekommen hast. Stimmt`s?

Von daher möchte ich dir, inspiriert von den heutigen Ereignissen, noch ein, zwei Anmerkungen für die Tage mit unserem Bambino Stan auf den Weg geben.

Bei allem, was du sagst und tust, vergiss nie: Auch du warst zu Beginn wie Stan ein leidenschaftlicher Händler. Okay, man darf dabei unter Leidenschaft im Börsenhandel nicht das verstehen, was man sonst allgemein üblich »Leidenschaft« nennt. Es hat nichts mit Sex oder Liebe zu tun. Aber es muss bei dir, wir bei jedem anderen Trader, zu Beginn etwas gegeben haben, das dich immer wieder in jene Disziplinlosigkeit hineintrieb. Und vielleicht war das eine Leidenschaft – eine Art Sucht, ein heißes Verlangen nach dem Abenteuer *Börse*. Bemerkenswert war, dass, im Zustand der Erregung eines laufenden Trades und des erregten Chartverlaufes selbst, dein Verhalten zwar leidenschaftlich, aber zugleich auch teilnahmslos war. Denn während jeder Trade leidenschaftlich begann, endete er allzu oft teilnahmslos. Ich erinnere mich gut, wie du in den ersten Monaten so ziemlich jede Marktbewegung, die der Handelstag hergab, mit Trades bombardiert hast. Nach zehn Stunden Trading warst du dann zwar völlig fix und foxi, hast dich aber trotzdem immer noch in weitere neue Trades hineingestürzt.

Mit ein wenig Übertreibung müsstest du darum von deinen ersten Tradingmonaten eigentlich sagen, dass sich alles darin so vollzogen hat, als ob die ganzen Trades mehr zueinander als zu dir gehörten. Auf Trade eins ist immer direkt Trade zwei gefolgt. Und zwar unabhängig davon, ob das nun aus Freude über den Gewinn aus Trade eins oder aus Frust über den Verlust daraus geschah. Oder anders: Du brachtest lieber die Leidenschaft für einen weiteren Trade auf als den Mut zur Langeweile.

Und so wird unser Bambino Stan wohl aktuell auch glauben, dass sein an den Tag gelegtes Fehlverhalten und sein Aktionismus, der ihn dabei unterstützt, mehr zum Trading an sich als zu ihm selbst gehören. Aber jedes einzelne Fehlverhalten von ihm hat, wenn er sich genau überprüfen würde, mit ihm viel mehr zu tun, als er zu glauben bereit ist – genau wie bei jedem anderen Tradinganfänger, der dieselben Symptome zeigt. Und ohne Zweifel wird er durch dieses Fehlverhalten als Tradinganfänger bestimmt und besteht aus diesem – auch wenn ihm dies nicht bewusst ist, und so kommt er sich manchmal nach dem Trading genau so fremd vor wie während des Tradens.

Du weißt, wie es in der Regel ist: Die Verwandten und Freunde eines Tradinganfängers – so also auch bei Stan – warten nur darauf, dass er einknickt, und das ist auch die erste Trainingseinheit, die einen auf den Krieg, sprich das spätere Trading, vorbereiten sollte. Für Stan gibt es momentan nur einen, der recht hat, und das ist er selbst. Damit ist er eigentlich immer auf Irrwegen, das aber mit Höchstgeschwindigkeit. Nachgegeben wird nicht und zugegeben schon gar nicht. Also sitzt Stan, so wie du damals auch, jeden Tradingtag da und würde so gerne zeigen, wie gut er die Börse vorhersagen kann, aber der Chart lässt es einfach nicht zu. Deshalb motzt er den ganzen Tag rum, und der Chart setzt ihn jedes Mal wieder neu vor die Tür. 1:0 für den Chart; nächster Trade zu früh rein, 2:0; nächster Trade zu früh raus, 3:0; nächster Trade kein Stopp, 4:0; nächster Trade kleiner Gewinn, 4:1; nächster Trade Monster Loss, 5:1; nächster Trade super Signal, aber mangels Mut dieses nicht gehandelt, 6:1 für den Chart.

Während du also mittlerweile hoffentlich in Ruhe und Frieden jedes vorgesetzte Regelwerk der Welt nahtlos traden würdest, steht sich Stan vor dem Chart die Beine in den Bauch, und die Haare stehen ihm zu Berge. Seine Sprüche werden dieselben sein wie deine damals. Soweit ich mich erinnere, hier die Highlights: »Wie? Ich soll warten, bis ein eindeutiges Signal kommt? Was ist das für ein total bescheuertes Trading? Warum sollte ich so viele Punkte verschenken, wenn in jeder einzelnen Periode Hunderte von Euros >herumliegen<? Warum? Nur weil die Disziplin das verlangt? Niemals!«

Und was hast du gemacht? Du hast auch bereits in der nächsten Periode bewusst das Desinteresse an Disziplin heraushängen lassen. Wolltest uns zeigen, was da so geht. *Bums*, Minustrades ...

So wie du damals wird auch Stan heute »keine Gefangenen machen« und schon gar keinen Kompromiss, *besser man bleibt weiter auf Protestkurs.* Stan wird weiter vor lauter Stolz seine Minustrades kassieren, später vor Wut fast heulen und von der Familie oder von Freunden später den Kommentar reingewürgt bekommen: *Siehst du, das mit der Börse hast du nicht drauf. Vergiss das Trading und mach was Anständiges.* So was tut natürlich weh. Vor allem, wenn man sich in seiner Freizeit mit nichts anderem mehr beschäftigt als mit Börsenhandel. Stan werden solche negativen Tage vorkommen wie ein herausgerissenes Kalenderblatt, zwar belebt von allerhand tollen Einfällen und heroischen Gedanken zum Chartverlauf, aber beim Anblick des für ihn noch unkontrollierbaren Eigenlebens des Charts auch geprägt von Hilflosigkeit und einem Gefühl der Lähmung.

So, nun gab`s damals für dich, wie es sie auch heute für Stan gibt, eine ganz einfache Entscheidung: Entweder man lernt oder - *Rumsbums* - macht man das Konto dem Erdboden gleich – und auch alle Konten danach. Okay, Stan gehört sicherlich auf längere Sicht nicht zu jenen Tradern, die klein beigeben und das tun, was die Börse zu erwarten scheint: nämlich zu Kreuze zu kriechen.

Wenn du mit Stan die kommenden Wochen zusammenarbeitest, solltest du ihn also zu geschicktem Verhandeln und einer Portion Diplomatie mit sich selbst drängen, damit er irgendwann im Einklang mit dem Chart leben und seine Plustrades kassieren kann.

Aber was ist Diplomatie? Was ist Reaktion auf sich selbst? Du wirst sehen, Stans Selbstbewusstsein ist in den ersten beiden Monaten im Büro Bangkok arg beschädigt worden. Stan hat sich verzettelt und ist unruhig, hat aber tief versteckt im Innern das Bedürfnis nach jener Wiederinstandsetzung, die man möglicherweise Gewissenserforschung nennt. Dennoch, wenn Stan hier und jetzt erklären müsste, wie er als Trader eigentlich sein möchte, er würde in Verlegenheit geraten. Denn er hat, wie viele Tradinganfänger, wahrscheinlich weder sich noch sein Verhältnis zur Börse richtig geprüft. Oder zumindest nicht oft oder tiefgreifend genug.

Eigentlich drängt sich da die Frage auf: *Kann nur ein starker Mensch ein guter Trader sein?* Sicher ist eines: Stan konnte in seinem bisherigen Leben, also bevor er mit dem Trading begonnen hat, seinem Können stets vertrauen. Er wusste, wie er in bestimmten Situation reagieren oder agieren musste. Also wird er nicht daran zweifeln, dass der Unterschied zwischen seinen bisherigen Erlebnissen als Tradinganfänger und den erforderlichen Eigenschaften eines Profi-Traders und seiner momentanen Entferntheit davon nur ein *Haltungsunterschied* ist. Daher, lieber Philip, ist es deine Pflicht und Aufgabe, Stan in diesem Zusammenhang zur Entwicklung und Anwendung eines gewissermaßen *aktiven Willensbeschlusses* zu bringen.

Und genau hierzu möchte ich dir ein paar kurze Tipps geben:

Das momentane Problem von Stan ist, in der Unendlichkeit der Chart-Interpretationsmöglichkeiten einen Anhaltspunkt zu finden. Stan möchte momentan noch seine Fantasie beflügeln, seine freie Kreativität im Chart-Orakeln ausleben und gleichzeitig traden. Aber, Fakt ist eines: Das zusammen ist nun mal nicht machbar. Diese Eigenschaft müssen wir ihm abgewöhnen, sonst bleibt für ihn jeder verdammte Tradingtag im Ergebnis ein intellektuelles Verwirrspiel mit Dimensionen und Perspektiven, das ihm die Gewohnheiten und Grenzen seiner Sinne und Gedanken vor Augen führt.

Daher ist es nun wichtig, dass du, wie es vor Ort John und Nick bereits tun, Stan nicht in seinen Ausflüchten bestätigst, sondern ihm immer wieder sanft den Hauptunterschied zwischen ihm und – in dem Fall – dir als gestandenem Profi-Trader vor Augen führst. Wie auch du damals, so träumt Stan heute davon, später einmal ein toller, unabhängiger *Magier der Märkte* zu werden. Damit ist zu jedem Zeitpunkt die Frage legitim: »Was unterscheidet das, was ich bin, von dem, was ich werden will?« So, und bei seinen Antworten musst du nun genau hinhören und geschickt und sanft einlenken. John und Nick stehen dir ja ohnehin zur Seite. Aber dennoch hier ein paar der klassischsten Antworten – die du ja auch ganz gut kennen müsstest. ☺

»... ihr Profi-Händler habt ja den ganzen Tag Zeit und könnt außerdem mehrere Märkte gleichzeitig beobachten ...«

Stan will damit sagen, dass die meisten privaten Trader nicht Vollzeit dem Handel nachgehen, also nur nebenbei ein paar Stunden traden und daher nur sehen, was die Märkte an Bewegung noch übrig lassen.

Dir brauche ich ja nicht zu erklären, dass dieser Punkt nicht das Entscheidende ist. Denn: Kein Trader ist mangels Zeit direkt im Nachteil. Angesichts der heutigen Soft- und Hardware kann auch der private Trader, obwohl nicht anwesend, ohne Weiteres zig Märkte gleichzeitig analysieren und recherchieren. Er müsste sich dazu nur entsprechend seiner finanziellen Möglichkeiten mit dem minimal notwendigen, dem angemessenen oder gar einem übertriebenen System versorgen. Zum anderen: Was ist schlecht daran, etwas Abstand zum Markt zu haben, denn so umgeht der Feierabend-Trader die Gefahr, dass er den Wald vor lauter Bäumen nicht mehr sieht. Frage Stan doch mal, ob er nur allein durch den Fakt besser wird, dass er, statt bisher sechs, nun zwölf Stunden vor dem Monitor sitzt, bzw. ob ein Profi schlechter würde, wenn er abends nur noch drei Stunden handeln dürfte?

Es ist auch denkbar, dass Stan auf die Frage »Was unterscheidet das, was ich bin, von dem, was ich werden will?« antwortet: *»Ein Profi-Händler hat mehr Erfolgsdruck als ein Anfänger!«* Stan will damit ausdrücken, dass ein Berufshändler jeden Abend konkrete Ergebnisse aufweisen muss, während der Neuling und Anfänger sich mehrere Wochen Zeit nehmen kann, um Erfolge zu erzielen.

Erinnere Stan daran, dass der von ihm angenommene Erfolgsdruck sich relativiert, wenn er ihn im Kontext eines genauen Zielwerts betrachtet. Was ich damit meine, weißt du ja: Während der Großteil der Berufshändler einen konkreten Zielplan mit Wochen-, Monats- und Jahreszielkennzahlen hat, wird die Zieldefinition von Stan bisher noch so aussehen, möglichst schnell reich zu werden. Während wir also wie einen Leuchtturm eine Zielfahne definieren, welche es effektiv und auf dem risikolosesten Weg anzusteuern gilt, schippert Stan eigentlich nur ziellos durch das riesige Chartuniversum. Frage Stan, ob er schlagartig besser werden wird, wenn wir ihm nur einen oder mehrere Zielwerte vorgeben, bzw. ob ein Berufshändler schlagartig schlechter würde, wenn er den Handelstag plötzlich ohne Zielfahne bestreiten müsste. Die Antwort wird wohl in einem Stottern enden.

Es ist auch denkbar, dass Stan auf die Frage »Was unterscheidet das, was ich bin, von dem, was ich werden will?« antwortet: *»Ihr habt ja die Millionen und könnt die Märkte beeinflussen!«* Okay, zu der Frage, ob es gut oder schlecht ist, wenn man größere Konten handelt, brauche ich dir keine Tipps mehr zu flüstern. Interessant ist dabei nur, dass Tradinganfänger immer neidisch auf größere Konten sind, die Händler eben jener großen Konten hingegen neidisch auf die kleinen Konten äugen. Die Begründung ist beidseitig ganz einfach: Während Stan sich als Tradinganfänger allein durch seine Kontogröße noch als kleines Licht empfindet und seinem inneren Wunsch nach Bedeutung und Anerkennung dadurch Ausdruck gibt, dass er den Großen vorwirft, was er vielleicht selbst ganz gerne machen können würde – nämlich die Märkte zu bewegen – , sagt die Gegenseite: »Der Anfänger hat es ja einfach, der kann lautlos in jeden Markt, in jede Zeiteinheit rein und raus.« Jeder muss seine Einstiegs- und Ausstiegsfrequenzen der Logik des jeweils zu bewegenden Kapitals unterordnen. Der eine hat einen riesigen Sandhaufen zu bewegen und benötigt daher einen großen Bagger, dem anderen reicht bereits ein Handspaten. Aber unabhängig davon: Frage Stan, ob er schlagartig besser würde, wenn er ab sofort zehn Millionen auf dem Tradingkonto hätte, bzw. ob der Profi-Händler schlechter würde, wenn er plötzlich nur noch mit 10.000 Euro handeln darf.

Wenn du Stan die Frage danach noch mal stellst, hast du vielleicht Glück, und er antwortet mit dem Stichwort *Psychologie*. Jetzt wird es schon spannender. Tipp von mir: Antworte ihm, sofern es Nick oder John nicht bereits getan haben, mit folgender Gegenfrage: »Wo lernt man langfristig mehr für die Psyche: Beim Handel mit fremdem oder eigenem Geld?« Ich wette 1.000 Euro, dass Stan die höhere Lernkurve im Handel mit dem eigenen Geld sieht. Begründen wird er das möglicherweise zum einen damit, dass man sich dabei mental mehr an den Handel gebunden fühle, dem Profi-Händler hingegen der Ausgang der Trades eigentlich egal sein könne, da er ja nicht mit seinem eigenen Geld handelt. Und zum anderen damit, dass das Handeln mit dem eigenen Geld deshalb mental schwieriger sei, weil die riesige Anzahl von möglichen Ausreden fehle. Denn wenn es mit fremdem Geld in die falsche Richtung läuft, könne der Berufshändler für die Millionenverluste unzählige Ausreden haben. Er kann die Schuld hin und her schieben: »Och, der Chef hat gesagt …« Ist eigenes Geld futsch, muss man sich hingegen eingestehen: »Selbst dran schuld …«

Philip, an dieser Stelle sei mir noch ein Tipp erlaubt, um eine gute Überleitung zum Wesentlichen hinzubekommen: Stan soll sich vorstellen, er sei ein Tradingneuling, der ein Börsenbuch gelesen und den einen oder anderen Vortrag über Trading besucht hat, und gerade eben käme ein Nachbar bei ihm vorbei mit der Bitte, 20.000 Euro für ihn zu verwalten, schließlich hätte Stan doch Ahnung. Baue diesen Gedanken mit ihm weiter aus, und Stan wird der Unterschied zwischen der Verwaltung von eigenem und fremdem Geld besser deutlich werden. Seine banale Annahme, dass es dem Trader bei Fremdgeld nicht so wichtig zu sein braucht, ob dies den Bach runtergeht, ist dann so nicht mehr haltbar, denn mit welchem Konto würde er selbst sensibler umgehen? Mit dem des Nachbarn oder mit dem eigenen? Wenn er ehrlich mit sich selbst ist, dann gesteht er sich ein, dass er mit dem Geld des Nachbarn bewusster umgehen wird, denn: Würde er Woche für Woche mit dem vom Munde abgesparten Geld des Nachbarn hart gegen den Börsenwind segeln und dessen Konto *bumbum* plattmachen, dann wäre die Wahrscheinlichkeit groß, dass die angenehme Nachbarschaft zu Ende ist und sich wie ein Lauffeuer in der Gemeinde verbreitet, wie Stan den armen Nachbarn um sein Geld gebracht hat. Gar nicht zu reden von der Schadensersatzklage, den Anwaltskosten und dem Morgen, an dem Stan sein schönes neues Auto mit zerkratztem Lack und platten Reifen vorfindet, und die nächste Gartenparty wird ohnehin extra mega-laut und mega-lange gefeiert. Hat er sich das eingestanden, ist es wichtig, die Frage, warum mit Fremdgeld sensibler umgegangen wird, sauber herauszuarbeiten. Erinnere dich daran, was bei dir geschah, als wir dir immer größere Handelsvollmachten ausstellten. Ich sage als Stichwort nur: *Verantwortungsbewusstsein*. Der Punkt ist doch der: Wenn Stan mit Fremdkapital handelt, wird er jemandem Rechenschaft schuldig. Erkläre Stan, dass genau dies, die *Rechenschaft*, das Tradingverhalten ernorm verändert. Stan, wie auch jeder andere private Trader, hat diese Rechenschaftspflicht in der Regel nicht. Okay, eventuell der eigenen Familie gegenüber. Aber wie viele treue Ehefrauen wissen schon detailliert über die Trades ihres Gatten Bescheid? Erkläre ihm, dass genau hier das Problem steckt: In dem Moment, in dem man keine Rechenschaft schuldig ist, öffnen sich Tür und Tor für ... ja, für was? Na klar: Dafür, dass man zehn Mal den gleichen Fehler immer wieder wiederholt. Das kennst du doch? Es ist ja keiner da, der sagt: »Soso?! Schon wieder ...?!« Oder anders: Was fehlt, ist die Kontrollfunktion. Da Stan momentan noch, wie auch viele private Trader, für nichts und vor niemandem rechenschaftspflichtig ist, wiederholen sich Fehler und schleichen sich unproduktive Gewohnheiten ein. Später, wenn wir dahinter stehen, werden sicherlich auch Fehler passieren. Vielleicht sogar zwei, drei Mal, aber kein viertes und schon gleich gar kein zehntes Mal. Es ist dann jemand da, der ihm mal zehn Minuten den Kopf unter kaltes Wasser hält, damit sein Schädel wieder ein wenig abgekühlt wird. Oder wenigstens für fünf Minuten, damit er merkt, dass alles, was er gemacht hat, echt einfach Mist war.

Wenn Stan dann seine ersten Lehrmonate hinter sich hat, wird er, wie du einst auch, schon all sein Tun und Handeln auf- und erklären, während er momentan seine Fehltrades noch einfach so abhaken kann. Schimpft ja keiner. Später wird dann aber einer schimpfen, und er wird es sich gut überlegen, ob er den Stopp nachzieht oder nicht. Denn irgendwann wird es einfach nur peinlich, wenn er zum hundertsten Mal hört: »Man macht es so ...«, und klar wird: »Oh, nein ... nicht schon wieder.« Daher, Philip, frage Stan, ob er schlagartig besser würde, wenn er über eine Million Euro Fremdkapital verfügte, bzw. ob ein Profi-Händler schlagartig schlechter würde, wenn er nur noch mit seinem eigenen Geld tradet. Zeig ihm auf, dass nicht die Herkunft des Geldes, sondern die Verantwortlichkeit den Umgang mit Geld verändert.

Vielleicht antwortet Stan auf unsere alte Frage »Was unterscheidet das, was ich bin, von dem, was ich werden will?« aber auch mit dem Stichpunkt *Ausbildung* und *Regelwerke.*

Klasse. Jetzt musst du dranbleiben und das mit Stan nacheinander näher beleuchten. Während sich der klassische private Trader dem Thema in der Regel autodidaktisch nähern muss, hat Stan – so wie du bereits auch schon – Kollegen zur Seite, mit denen er im ständigen Dialog steht und von denen er althergebrachtes Fachwissen und die von selbst fast nie zu findenden Tipps und Tricks mitbekommt. Für den Privaten, den einsamen Wolf zu Hause, ist es wirklich schwer. Wenn ich mir vorstelle, ich hätte keine Ausbildung und würde von zu Hause aus durch die Märkte surfen ... *Oh je!* Kein Dialog, ebenso keine der erwähnten Kontrollfunktionen. Ich würde, wenn ich ehrlich bin, gerade beim kurzfristigen Börsenhandel schnell der Tendenz erliegen, asozial zu werden. Ich würde mich früh um 7 Uhr unrasiert und im Pyjama vor den Rechner setzen, irgendwann mittags gäbe es schnell eine aufgewärmte Pizza, und vielleicht würde ich gegen 21 Uhr noch ein paar kurze Worte mit der Familie wechseln – oder auch nicht. Nachts würde ich erschöpft ins Bett fallen und dann statt von der Ehefrau von Börse, Trades und Orders träumen und um 7 Uhr, *ring, ring,* würde dasselbe Spiel von vorn beginnen, ohne dass dies zu einem Mehrwert an Wissen und sachlichen Zusammenhängen führen würde. *Autsch.*

Wenn Stan in diesem Zusammenhang das Stichwort *Regelwerke* anbringt, gehe auf jeden Fall ins Detail! Frag ihn unbedingt, warum du, Philip, dich als fortgeschrittener Trader freiwillig und immer einem Regelwerk unterziehst, während er sich auf den ersten Blick zum Thema *Regelwerke* zwar auch alles massiv reinzieht, aber im konkreten Fall dann doch live aus dem Bauch entscheidet, was und wie er tradet. Wichtig ist, dass ihr beide – Stan genauso wie du – das gleiche Endziel habt: Ihr wollt Geld verdienen. Während es dir jedoch ein inneres Bedürfnis ist, nach Regelwerken zu handeln, empfindet Stan deren strikte Befolgung eher als einen Anschlag auf seine Unabhängigkeit und seine Selbstbestimmtheit und damit auf sein Selbstwertgefühl. Du könntest ja auch aus dem Bauch raus handeln, würdest es aber in der Regel (es gibt gelegentlich noch Ausnahmen, ich weiß ... ☺) nicht mehr so machen wollen. Lass ihn erst mal grübeln, warum das so ist. Dann arbeite das Thema *Duplizierbarkeit* mit ihm heraus! Stupse den Bambino mit der Nase drauf, dass es dir mittlerweile ein inneres Bedürfnis ist, den Trade, den du gerade machst, nicht dem Zufall zu überlassen. Wenn der Einstieg, der Ausstieg und zwischendrin die Stoppversetzung rein zufällig waren, könntest du dein Vorgehen keinem Dritten, also auch nicht Stan, erklären. Zwangsläufig könntest du diesen Trade an einem anderen Tag, an einem anderen Ort, zu einer anderen Zeit nicht wiederholen.

Das Geld, das er heute gewonnen hat, zahlt er dann halt am nächsten Tag wieder ein. Du weißt ja bestimmt noch, wie ich dir diesen wirklichen, elementaren und entscheidenden Unterschied in den ganzen gemeinsamen Jahren immer wieder hergebetet habe: Während du – auch das ist völlig normal, denn mir erging es ebenso – am Anfang vordergründig das Geld sahst und es dir daher oftmals völlig egal war, wie du es erhandeln willst, betrachtet der Profi mehr das *Wie* und sieht das Geld nur als Nebenprodukt dieser *Duplizierbarkeit*.

Wenn Stan dann für einen Moment mal nicht auf den Chart stiert, schnapp ihn dir und sage ihm, dass es bei dem Bedürfnis, *duplizierbar* zu handeln, nicht bleibt, da dies nur der erforderliche Zwischenschritt zur *Beständigkeit* ist. Bei dem Thema *Beständigkeit* mach dich aber auf so einiges gefasst ... ☺. Ich erinnere mich noch gut an deine stundenlangen Einwendungen. Für dich war es das Unwort schlechthin, für mich und die anderen Kollegen hingegen das Zauberwort. Daher wird es Stan nicht anders ergehen als dir: Wenn er einen Trade wegen fehlender *Duplizierbarkeit* auslassen soll, so wird er stöhnen, weil er noch nicht wirklich begriffen hat, dass die Börse auch noch morgen, übermorgen und nächstes Jahr geöffnet hat.

Nutze einfach bei deinem Aufenthalt in Johns Büro die Chance und beobachte Stan. Schau ihm über die Schulter, auch wenn dich ein Schauer überkommt, weil Stan so handelt, als gäbe es kein Morgen. Immer Vollgas. Immer am Limit. Jeden Kursruck analysierend, jede Zuckung des Kurses mit Trades bombardierend. Stan will schließlich reich werden. Das ist ja auch okay und für jeden, der am Spiel der Spiele aus den Reihen der Spekulanten teilnimmt, die Grundlage seiner Existenz. Wir müssen nur erreichen, dass Stan freiwillig den Vorsatz aufgibt, *schnell* reich werden zu wollen und daher das Risiko so hoch wählt, als gäbe es morgen keine Börse mehr und nur heute und nur noch jetzt wären die Millionen möglich. Stan wird momentan noch argumentieren, dass aufgrund des hohen Risikos und des Tradingdauerfeuers auch schnell mal ein Konto verdoppelt werden kann. Ob er mit dieser Logik auch noch in ein, zwei Jahren dabei ist – allgemein ist ja bekannt, dass 90 Prozent der privaten Trader über die Zeit hinweg nur in den Börsenhandel einzahlen und Geld verlieren –, daran denkt er noch nicht. Was ihn treibt, ist Angst. Genauer: die Angst, den großen Gewinntrade zu verpassen, also Versäumnisangst. Logisch. Zeig ihm daher immer wieder, dass der Handel an sich gar nicht so kompliziert ist und die Profis auch keine überstudierten Übermenschen sind. Nein, es liegt nicht am Fachwissen, sondern an fehlender *Beständigkeit*. Um in diesem Beruf gesund alt zu werden, muss man auf ein Normalmaß zurückkommen. Im täglich unterlassenen Gedanken daran, dass es auch noch ein Morgen gibt, liegt eine der Hauptursachen für den Gang zum Börsenfriedhof. Denk an dein Erlebnis heute mit Ecki. Für den gab es in jeder Handelswoche nur fünf Mal Heute, für den Erfahrenen dagegen gibt es da immer auch noch fünf Mal Morgen.

Wenn Stan – und das wollen wir ihm in den nächsten Jahre beibringen – duplizierbar handeln kann, wird er auch die Kunst erlernen, *beständig* zu handeln. Vorher geht das nicht. Die Tatsache aber, dass dieser Zusammenhang zu Beginn des Tradings nicht erkannt wird, macht ihn umso bedeutsamer und das schrittweise Heranführen eines Anfängers an den Börsenhandel umso schwieriger.

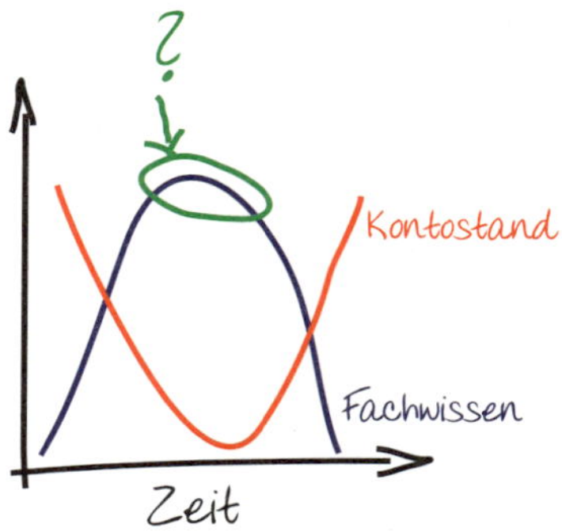

Philip, als wir heute Abend miteinander telefonierten, musste ich an die vielen Abende denken, in denen ich dich bei einem guten Gläschen Wein mit dem Thema *Stilfindung* fast in den Schlaf geredet habe.

»Schauen Sie her … dies ist die wichtigste Grafik, sobald Sie mit dem Traden anfangen …«, müsste es zu jeder Kontoeröffnung lauten … ☺.

Damals mit einem ungläubigen Kopfschütteln abgetan, weißt du nun seit Jahren ebenfalls darum, dass ein Tradinganfänger – so wie du zu Anfang auch und Stan heute – in der Regel die erste Zeit mehr in die Börse einzahlt, als er herausbekommt. Du erinnerst dich noch an meine Grafik? Der rote Graph stellt den zunächst fallenden Kontoverlauf dar. Aber nach einer gewissen Zeit steigt er kontinuierlich an (siehe schematische Zeitachse meiner Skizze). Dann entsteht durch den Börsenhandel und das Trading ein wirklicher Mehrwert auf dem Konto.

Zeitgleich aber nun die Frage: Wie ist das mit dem Fachwissen rund um das Thema *Börsenhandel?* Das steht bei jedem – so auch bei unserem Bambino – zu Beginn klar auf null und nimmt etwas zeitversetzt zum Start des Tradings zu. Aber nur bis zu einem gewissen Punkt, wie der blaue Graph zeigt, welcher in dem Zeitraum ansteigt, in dem der Kontostand fällt, um dann, wenn der Kontostand ansteigt, steil nach unten abzufallen.

Wir müssen also bei Stan, wie auch damals bei dir, abwarten, bis er die erste Hälfte der Gesamtgrafik durchlebt hat. Also jede Menge nervenzerrüttende Handelstage, schlaflose Nächte, sinnlose Trades, glückliche Plustrades, nicht enden wollendes Studieren von Zeitungsartikeln und Büchern, ständig wechselnde Regelwerke, Seminarbesuche und Tage des Eigenstudiums. Wir müssen den Tag geduldig abwarten, an dem Stan die Nase gestrichen voll hat vom ansteigenden Fachwissen.

Das heißt, wir müssen Stan dezent dazu verhelfen, dass er freiwillig erkennt, dass er mit einem noch Mehr an Wissen auch nicht besser handelt, sondern dass eher das Gegenteil geschieht: Er wird vieles durcheinanderbringen, und es entstehen Blockaden. So kann dann in ihm die unbezahlbare, goldene Erkenntnis reifen, dass viele Elaborate rund um Regelwerke einander ähneln, denselben Ursprung haben und dasselbe Ziel ins Auge fassen. Oder anders gesagt: Stan wird aufräumen. Das viele Wissen muss immer mehr auf den Kontostand drücken wie ein Riesenhaufen aufgestauter Erde, der dann endlich einmal durchsackt. Wissen wird komprimiert. Verdichtet sich. Zeitgleich wird sich das herausbilden, was man den *eigenen Stil* nennt.

Wie lange, Philip, hat es bei dir gedauert, bis sich aus den unendlichen Möglichkeiten die eigene herauskristallisiert hat? Lass mich überlegen ... ich denke vier, fast fünf Jahre waren es, oder? Also geben wir auch Stan diese Zeit. Das Trading, das Stan nun Jahr für Jahr entwerfen wird, könnte ihn so befreien, dass er sich fühlt wie ein Maler, der ein perfektes Gemälde vollendet. Von außen reiht sich Trade an Trade, Fachwissen an Fachwissen, doch in seinem Inneren löst sich dabei etwas auf, was Stan aktuell noch nicht bewusst ist. Ich spiele damit auf den grün markierten Wendepunkt in meiner Grafik an.

Vergiss beim Umgang mit Stan niemals, wie es bei dir selbst war! Es ist daher davon auszugehen, dass auch bei Stan jene dir auch gut bekannte Zusammenhangslosigkeit von Ideen und Einfällen, die sich ohne den für einen duplizierbaren Trader kennzeichnenden Mittelpunkt ausbreiten, stattfindet. Auch er wird vom Hundertsten ins Tausendste kommen, ohne eine geschlossene Einheit zu erreichen. Schließlich werden seine Einfälle zu möglichen Trades immer inhaltsloser, immer abstruser werden. Aber nach vielen, vielen Monaten wird auch Stan endlich auf den Punkt kommen, den du bereits vor Langem erreicht hast.

Erinnere dich! Wir hatten dich damals tun lassen, was du wolltest, bis du dir vor Verwirrung bald den Kopf einranntest. So wird es auch bei Stan ablaufen, frei nach dem Motto: Wer sich erfüllen kann, was er mag, weiß bald nicht mehr, was er sich wünschen soll. Wiederholt man diesen längst bekannten Satz, bringt man daraus einen außerordentlich wichtigen Gedanken für das Trading ans Tageslicht. Stan muss in seinen Möglichkeiten, Plänen und Gefühlen zuerst durch Vorurteile, Überlieferungen, Schwierigkeiten und Beschränkungen jeder Art so eingeengt werden wie ein Depp in seiner Zwangsjacke. Erst dann hat das, was Stan hervorzubringen vermag, vielleicht Wert, Gewachsenheit und Bestand. Es ist in der Tat für einen Tradinganfänger kaum vorauszusehen, was dieser Gedanke der eigenen *Stilfindung* im Zusammenhang mit dem Thema *Duplizierbarkeit* und *Beständigkeit* bedeutet! Warum? Weil man es selbst erleben muss.

Irgendwann erkennt unser Bambino das, was auch du nach harten Lehrjahren erkannt hast: Zu allem, was es an Regelwerken und niedergeschriebenen Logiken gab, zog dich etwas hin, dennoch ließ dich etwas Stärkeres nicht dazu kommen. Würdest du Stan fragen, warum er so unklar und unentschieden tradet? Wahrscheinlich wüsste er die Antwort noch nicht: Er lebt in dem Zwang, das Konto zu retten, gepaart mit der Angst, den Super-Super-Monster-Trade zu verpassen. Man beschreibt das mit einem Wort, das der, den es betrifft, nicht gerne hört, und dem man nicht gerne allein begegnet: *Aktionismus*. Auch du, Philip, hattest viele Jahre einfach nicht die Kraft, dich gegen den Chart zu wehren. Du weißt, da ist dieses Gefühl, etwas in einem, das nirgends hatte bleiben wollen. Also jene innere Unrast, hervorgerufen durch ein Gefühl der Unsicherheit, vielleicht des Noch-nicht-Genügens, sowohl im Wissen als auch Können, oder auch das Gefühl, den heiligen Gral noch nicht gefunden zu haben und weitersuchen zu müssen. Du hattest dich an den Regelwerken der Welt entlanggefühlt und gedacht, es gäbe ja noch Millionen anderer Handelslogiken. Es war dieser langsam erkaltende Tropfen Ich, der dein Feuer, den winzigen Glutkern nicht abgeben wollte.

Es dauert seine Zeit, und über die Jahre wird auch Stan hoffentlich erfahren, dass es gute, schlechte, saudumme und bezaubernde Handelslogiken gibt, welche sich wiederum in kleinen, mittleren und großen Zeiteinheiten anwenden lassen und teils eine hohe, manchmal eine geringe Handelsfrequenz nach sich ziehen. Aber sind wir doch ehrlich: Zerlegen wir eine Handelslogik A und eine Handelslogik B – was finden wir? In beiden Demut und Geduld. Untersuchen wir jedes, wirklich *jedes* Regelwerk der Welt, erkennen wir, dass Regelwerke, in großen Mengen verabreicht, ein Gift sind, in kleineren, durchdachten Mengen jedoch ein Genussmittel.

Stan – und das ist völlig normal – wird also in der näheren Zukunft sein ganzes ansteigendes Wissen durcheinanderbringen, er löst es dann auf und fügt es neu zusammen. Stoppgrößen und Zeiteinheiten, Handelsfrequenzen und Handelszeiten sowie Auswahl der Märkte sind für Stan keine abstrakte Vorstellungen, sondern Glieder einer Funktion, Werte, die von dem Zusammenhang abhängen, in dem sie sich befinden. Man braucht lange Zeit, um zu lernen, dass Laster zu Tugenden und Tugenden zu Lastern werden können. Stan hält es im Grunde bloß für eine momentane Ungeschicklichkeit, dass er es noch nicht fertigbringt, innerhalb eines Handelstages aus einem Marktverhalten einen nützlichen Trade zu generieren. Aber er erkennt an seinem Trading wiederum auch nichts Unerlaubtes, denn jeder Trade könnte ja eine Eigenschaft haben, durch die er eines Tages teilhat an einem großen, neuen Zusammenhang.

Philip, du weißt, man könnte zaghaft hinter vorgehaltener Hand flüstern: »Es ist sch... egal, welche Handelslogik man als Trader verwendet. Nimm Candlesticks, nimm einen der über tausend Indikatoren, nimm Trendlinien, nimm Vola-Ausbrüche, nimm von mir aus den Mond! Wurscht. Hauptsache, man setzt sich mit einem Thema im Detail auseinander ...« Ein Trader muss nicht zeigen, *wo* es klappt, sondern wissen bzw. herausfinden können, wo die Logik *nicht* funktioniert. Es ist nur wichtig, dass man die Rahmenbedingungen für Fehltrades erkennt. Das darfst du natürlich Stan so noch nicht sagen. Klar, oder? Denn er wird seinen Ohren nicht trauen, klingt diese Aussage doch anscheinend nach einem Freibrief.

Stan muss aber erst erkennen, warum er sich immer weiter auf die Suche nach neuem Fachwissen machen wird. Frag ihn, und, was meinst du, wird er wohl antworten? Logisch, die Standardantwort im Börsenhandel: »Na, damit ich kein Minus mache.« Mhm ... Das ist, als wenn man den lieblichen Duft der Rosen liebt, sie jedoch, sobald man sich das erste Mal an ihren Dornen sticht, plötzlich nicht mehr leiden mag. Aber das ist verständlich, niemand will Minustrades machen ...

Nun die schlechte Botschaft, aber auch nur wieder hinter vorgehaltener Hand und momentan noch nicht für Stans Ohren bestimmt: Fehltrades bekommt er doch bei allen Regelwerken der Welt überall als Gratisgeschenk obendrauf. Oder etwa nicht? Natürlich gibt es reihenweise guruhafte Aussagen, dass es mit *diesem* Börsenbrief, *diesem* Regelwerk und weiß Gott womit noch nicht so sei. Fehltrades? Fehlanzeige! Sei ehrlich, auch du verabscheust doch mittlerweile alle Aussagen wie die Pest, die so taten, als stünde ein für allemal etwas fest, als wären sie Gottes Wort auf Moses' Gesetzestafeln.

Somit erzeugt jeder Fortschritt im Trading für Stan im Einzelnen einen Gewinn und im Ganzen eine Trennung; er erzeugt einen Zuwachs an Fachwissen, der in einen Zuwachs an Ohnmachtsgefühlen mündet – und Stan kann nicht davon lassen. Fühle dich daher stets in Stan ein; erinnere dich durch ihn an deinen eigenen fast täglich gewachsenen Wulst von Trades, über den dein Geist erst mal herausblicken musste, wenn du irgendeine Frage genauer betrachten wolltest. Unzählige Auffassungen, Meinungen und Gedanken zu allen möglichen Märkten und Zeitzonen, alle Formen des gesunden und kranken, gierigen und ängstlichen Verstandes bevölkern Stans Gehirn wie Tausende kleiner empfindsamer Nervenstränge. Aber der Strahlpunkt, an dem sie sich vereinen, fehlt noch.

Blicken wir zurück auf meine Skizze, so fühltest du dich damals, fühlt Ecki sich aktuell und wird Stan sich zukünftig beim Stichwort *Fachwissen* der Gefahr nah fühlen, dass sich das Schicksal jener Riesentierrassen der Vorzeit wiederholt, die womöglich an ihrer schieren Größe zugrunde gegangen sein könnten. Bedenke daher immer: Nicht das Tier mit dem größten Gebiss hat überlebt, sondern jenes, welches anpassungsfähiger und flexibler war.

Beachte deshalb im Umgang mit Stan immer, was die Schwierigkeit an der Stilfindung ist: Den Wünschen ein konkretes Ziel in Zahlen zu stecken, die Begierde beim Anblick eines Charts im Zaum zu halten, den Zorn nach einem beendeten Trade zu bändigen, stets eingedenk sein, dass dem einzelnen Trade und Trader nur ein unendlich kleiner Teil alles Wünschenswerten erreichbar ist.

Wenn Stan über die kommenden Monate und Jahre reifer wird und sich bei längerer Bekanntschaft mit dieser Räucherkammer des Geistes der Wirklichkeit angepasst hat, dann kann er den endgültigen Zustand eines perfekten, geistig ausgebildeten Traders erreichen, beschränkt sich auf seinen »Stil« und wird für den Rest seines Lebens mit dieser Überzeugung – auch wenn das eine oder andere Regelwerk besser sein könnte – im stillen Einvernehmen leben. Und noch mal, weil es so schön klingt … ☺: Er wird dann im stillen Einvernehmen leben. Er weiß dann, dass es keinen Zweck hat, permanent über alles nachzudenken, denn es geht einzig und allein um die Beständigkeit. Stan muss somit zum Bewahrer werden. Bewahrer von richtig und wichtig gelebten Wahrheiten.

Während das eine Regelwerk *long* schreit, flüstert ein anderes *short* und stöhnt das nächste *flat*. Das war schon immer so. Das bleibt auch immer so. Entscheidend ist, dass Stan sich nicht wie ein Depp verhält, sondern sich für das entscheidet, welches zu seinem eigenen Ziel passt. Und danach ist es nur noch eine Frage der *Beständigkeit*. Somit drückt der eigene Stil nichts anderes aus als dieses entspannte Wesen, das alle erfolgreichen Trader auf der Welt heute haben: Das Links und Rechts interessiert nicht mehr. Was zählt, ist nur der *eigene* Stil. Das ist alles. Das Sich-nicht-Kümmern um andere Möglichkeiten lässt dem Konto am ehesten Flügel wachsen.

Wenn Stan dann erst mal ein Stück auf dem Weg der *Duplizierbarkeit* und *Beständigkeit* gelustwandelt ist, wird es noch leichter für ihn. Du weißt: Positive Trades erzeugen weiteren Erfolg, schon allein deshalb, weil man den Druck, das Konto zu retten, nicht mehr so exzessiv verspürt. Positive Trades, gepaart mit Nachvollziehbarkeit, bringen Ruhe und Sicherheit. Hat Stan dann erst mal den Fuß in der Tür zum freiwilligen Antiaktionismus und hat sich eine Weile von dem bisherigen Aktionismus fernhalten können, dann hoffe ich, dass Stan nicht den Fehler macht und dies als »langweilig« bewertet.

Wichtig ist, dass sich bei Stan, nachdem er ein paar Monate nachvollziehbar getradet hat, unabhängig vom Ausgang der Trades eine Art innerer Gleichmut einstellen müsste. Beispiel: Zuerst tradet Stan ein Signal, angenommen einen *Punkt 2*, und wundert sich, dass dieses Signal bereits den vierten Minustrade ergab. *Man hatte doch ein tolles Signal! Markttechnik und so. Wow!* Dennoch klappt es bei ihm einfach nicht. Irgendwann müsste für Stan dann erkennbar werden, dass das Signal das *eine* ist, hingegen das große Radarbild, in welchem jenes Signal gerade auftaucht, das *andere*.

Stan wird demnach also anfangen, immer mehr die übergeordnete Zeiteinheit und deren Trends zu betrachten. Erweist sich dies dann als erfolgreich, wird es Eingang in seinen eigenen Stil finden. Stan wird anfangen, sich über seine Wahnsinnserfolge nicht nur zu freuen, sondern auch zu wundern, und herausfinden, dass, unabhängig von der Beachtung der übergeordneten Zeiteinheit, bei diesen erfolgreichen Trades in Trade-Richtung fast immer zusätzlich weitere markttechnisch relevante Punkte in unmittelbarer Nähe lagen. Ergo wird Stan immer mehr auf solche Punkte achten und nur noch solche *Punkte 2* handeln, welche auch diese Zusätze aufweisen. Dadurch wird sich noch größerer Erfolg einstellen. Kurz: Der Filter für die eigene Wahrnehmung ist endlich aktiv.

Stan muss daher also versuchen, sich auf seinem Gebiet, dem von ihm angewendeten Regelwerk, so fit zu machen, dass er mitreden kann. Er muss wissen, welche Zusatzbedingungen ein Signal haben muss, damit es zu einem Fünf-Sterne-Trade wird. Oder anders herum: Bei welcher markttechnischen Chartsituation er den Trade trotz eines scheinbar positiven Signals besser unterlässt. Resultat: Aufgrund von Filterbedingungen werden Trades einer Signallogik weggelassen. Das Drumherum wird wichtig, wichtiger und schließlich am wichtigsten. Die Trade-Frequenz wird dadurch geringer. Ein Schneeballeffekt setzt ein. Infolgedessen wird bei Stan auch der überlebenswichtige Gedanke an Diversifikation vorbeischauen, und seine Sache läuft und läuft und läuft.

Aber das braucht alles seine Zeit. Wenn Stan momentan so vor dem Chart sitzt, ist er ein *Interpretierender*, nicht nur ein *Suchender.* Da Stan noch nicht mit ausreichend Fachwissen und daher zwangsläufig auch ohne eigenen Stil ausgestattet ist, torkelt er im Erfolgs- wie im Verlustfall herum wie ein Besoffener auf einem Minenfeld. Es kann ihn bei jedem kommenden Schritt zerreißen. Für ihn sind die Börse und der Chart reine Anarchie, und er glaubt, der Revoluzzer in diesem Spiel zu sein. Wie will er daher entscheiden, was richtig und was falsch ist? Deshalb auch hierzu ein Tipp von mir:

Sprich im Beisein von Stan mal John zum Thema an, was das Höchste und über allem Herrschende im Trading ist. John wird dir antworten: Der *freiwillige Verzicht*. Ein super Thema. Verzicht ist das am weitesten verbreitete Phänomen im Börsenhandel. Die Disziplin, sich an ein Einstiegssignal zu halten, bedeutet für einen Trader: Er verzichtet auf andere Logiken. Für Stan momentan der Albtraum! Die Disziplin der Stopplogik bedeutet für ihn, auf den hier und jetzt entstandenen Profit zu verzichten, und würde ihn dazu zwingen, den aktuellen Bar nicht mehr so wichtig zu nehmen. Auch das ist, wie gesagt, momentan ein Albtraum für Stan! Die Disziplin, Verluste zu begrenzen, beinhaltet zum einen den Verzicht, darauf zu lauern, dass nach Erreichen des Stoppkurses der Markt dennoch in die Ursprungsrichtung dreht. Ein weiterer von Stans Albträumen, auch wenn dies zum anderen dadurch seine Belohnung findet, dass man auf möglicherweise größer werdende Verluste verzichtet. Die Disziplin, Gewinne laufen zu lassen, verzichtet auf den aktuellen Gewinn. Mit der Disziplin, nach Erreichen eines – wie auch immer – definierten Zieles den Markt zu verlassen, müsste Stan freiwillig auf den Rest an Marktbewegung verzichten. Ein weiterer Albtraum für ihn! Du siehst, es gibt viel zu tun …

Für die Umsetzung wird Stan etliche Jahre brauchen. Das hast du ja an dir gesehen. Ist dir mittlerweile bewusst, warum das ganze Unterfangen so lange dauert? Oder anders: Wenn *Disziplin* oder *freiwilliger Verzicht* allein dastehen – als nackte Hauptwörter, kahl wie ein paar Gespenster, denen man ein Leinentuch borgen möchte –, wie ist es dann? Stan kann Fachliteratur lesen, Seminarinhalte studieren, Signale kaufen und nächtelang Gespräche mit anderen Tradern führen; aber gewinnt er dabei den Willen zur Disziplin oder zum freiwilligen Verzicht? Angenommen, er liest und hört tagtäglich durch uns davon, besitzt Stan es dann zeitgleich auch? Nein. Denn der Wille zur Disziplin und zum freiwilligen Verzicht ist zu fest verbunden mit der zufälligen Gestalt seines Auftretens! Dieser Wille geht durch den Trader, der ihn aufnehmen möchte, hindurch und lässt nur ein wenig Erschütterung zurück.

Daher stellt sich die Frage: Was fängt Stan also mit all dem gelesenen und gehörten Fachwissen im Börsenhandel an? Es wird auf Massen von Papier und Beamerleinwänden mit geradezu astronomischen Ausmaßen immer von Neuem gedruckt und reproduziert und wird ebenso unablässig von unzähligen Tradinganfängern aufgenommen und genossen. Aber was geschieht dann mit diesem Fachwissen? Manchmal könnte man meinen, es entzieht sich beim Betrachten eines Charts dem irdischen Gesetz der Erhaltung. Wie Staubteilchen, die auf einen Tradinganfänger herabsinken und langsam zur Ruhe kommen, steht dieses Wissen mitunter in keinem Verhältnis zum Aufwand, mit dem man es sich angeeignet hat. Schwupps, entschwindet der Wille, dieses Wissen mittels Disziplin und freiwilligem Verzicht auch anzuwenden.

Wenn Stan tagtäglich mit dem Trading loslegt, wird er noch eine ganze Weile in die erste Wurst beißen, die ihm der Chart hinhält. Klar, er ist hungrig, er will jetzt endlich ans Ziel, aber je länger er dabei sein wird, umso mehr wird er die Alternativen checken und sich nicht des erstbesten Chartgezappels annehmen. Zurzeit nimmt Stan noch das erste Angebot des Charts an und unterschreibt eigentlich alles, was der Chart gerade von ihm will. Er ist als Anfänger so berauscht von der Möglichkeit, jetzt endlich Gas geben zu können, dass er völlig durch den Wind ist. Wenn er dann einige Minustrades hinter sich hat, will er danach erst recht nur noch am Ziel ankommen und endlich mal einen positiven Trade haben. Erwischt er dann einen Trade, der sich positiv entwickelt, hat er Angst, auch dieser Trade könnte plötzlich anders verlaufen, und verstolpert sich. Die Logik – sofern vorhanden – geht deshalb auf den letzten Metern verloren, und er verkauft den Trade und damit sich unter Wert.

Nun gut, es ist schon spät. Hoffen wir also, dass Stan sich nicht als *Perfektionist* … ☺ herausstellt. Das wäre dann nämlich für uns ein Albtraum. Dann wären all unsere Mühen, die Zeit und das Geld umsonst investiert. Frag ihn doch mal in Beisein von John: »Wie definiert man *Schwachsinn*?« Pass auf, Stan wird ein bisschen rumgoogeln und herausfinden, dass es unzählige Definitionen gibt. Eine davon erzählt sicher sinngemäß: Ein Typ macht Hunderte Male haargenau dasselbe, erhofft sich jedoch jedes Mal ein anderes Ergebnis. Mit anderen Worten: Es rennt jemand Hunderte Male vor die Wand und wundert sich jedes Mal neu, dass das schmerzt.

Weißt du, wie ich da jetzt draufkomme? Ich habe mir, nachdem du das Büro verlassen hast, zwei Trades der letzten Tage angeschaut. Ich habe sie dir mal mit kurzen Anmerkungen beigefügt. Beide 🗀Bilder 1 und 2 zeigen den DAX-Future auf einem 10-Minuten-Chart. In beiden Fällen ersichtlich: Der Markt steht kurz vor einem sauberen *Punkt 2*, ebenso ist in beiden Fällen bereits ein markttechnisch definierter Trend vorhanden, und – auch wenn aufgrund der Skalierung hier jetzt nicht ersichtlich – in beiden Situationen läuft der Trend in Richtung des übergeordneten Trends auf der höheren Zeiteinheit. Jeweils kurz unter dem markierten *Punkt 2* sind in beiden Situationen weitere markttechnisch relevante Punkte vorhanden, beispielsweise das Tagestief.

🗀Bild 1

Bild 2

Beide Charts sehen also nahezu identisch aus, daher habe ich auch beide Signale gehandelt. Den einen vorige Woche und den anderen Anfang dieser Woche. In beiden Fällen handelte ich nur die *Bewegung*.

Hier der Trade der letzten Woche: Bild 3 zeigt den detaillierten und in Bild 1 gelb abgedeckten Chartverlauf.

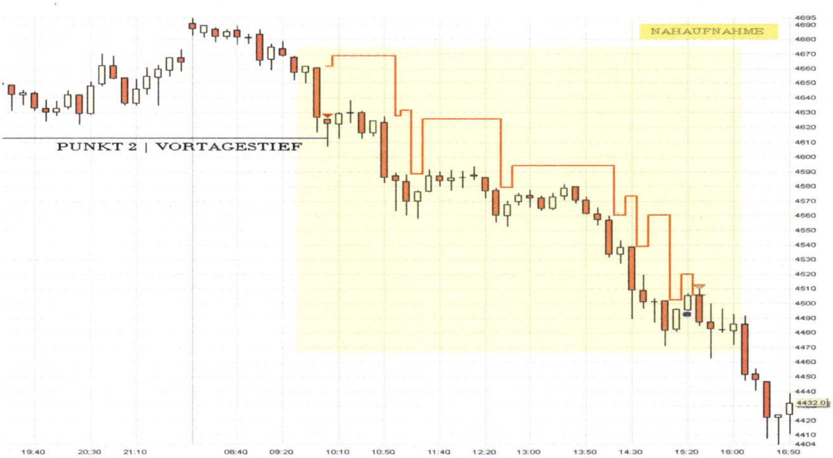

Bild 3

(Der blau markierte Einstieg ergibt sich aus dem Vortagestief und dem *Punkt 2*. Bedingt durch den beabsichtigten *Handel der Bewegung*, werden Trailingstopps, unter Beachtung von Innenstäben, verwendet. Der erste Stopp liegt auf der Vorperiode, in der die Position eröffnet wurde. Üblicherweise wird der erste Stopp auf die Einstiegsperiode selbst gelegt, in diesem Fall liegt jedoch ein zu enger Kursverlauf zwischen Einstieg und aktuellem Hoch der Einstiegsperiode vor, daher wird das Hoch der Vorperiode herangezogen. Die Einstiegsperiode schließt innerhalb der Hoch-/Tiefspanne der Vorperiode und stellt damit einen Innenstab dar. Deshalb muss der Stopp zurückversetzt werden. Im vorliegenden Fall wird der Stopp aufgrund der Volatilität nicht nur um eine, sondern um zwei Perioden zurückversetzt. Aus diesem Grund liegt der Stopp nach Beendigung der Einstiegsperiode am zweiten Periodenhoch nach dem Außenstab.

Die sechste Periode (Einstiegsperiode = erste Periode) beendet die Innenstäbe und schließt tiefer. Der Stopp kann nachgezogen werden. Die darauffolgende Periode definiert erneut einen Außenstab. Der Stopp wird zurückversetzt.
Gegen 15:20 Uhr schließt die blau markierte Periode über der Hoch-/Tiefspanne des zuvor berücksichtigten Außenstabs. In der kommenden Periode steigt der Markt über das Hoch dieser Periode, und die Position wird dort geschlossen.)

Der Markt lief und lief, und der erste Teil der Position mit Handelsziel *Bewegung* wurde mit einsetzender Korrektur weit im Plus ausgestoppt. Ein super Trade.

Beim zweiten Trade, 🗁Bild 4, hingegen konnte ich den Chart bereits nach der übernächsten Periode minimieren. Mit dem zugeklappten Chart klappte auch mein Gesicht zu, und ich nahm lächelnd in Kauf, abserviert zu werden, um mich so wieder zwischen allen anderen Tradern dieser Welt einzureihen. Man tradet also und weiß nie, was rauskommt, sondern lässt sich vom Marktverlauf überraschen, selbst wenn die Überraschung heißt: *Mit Minus ausgestoppt*.

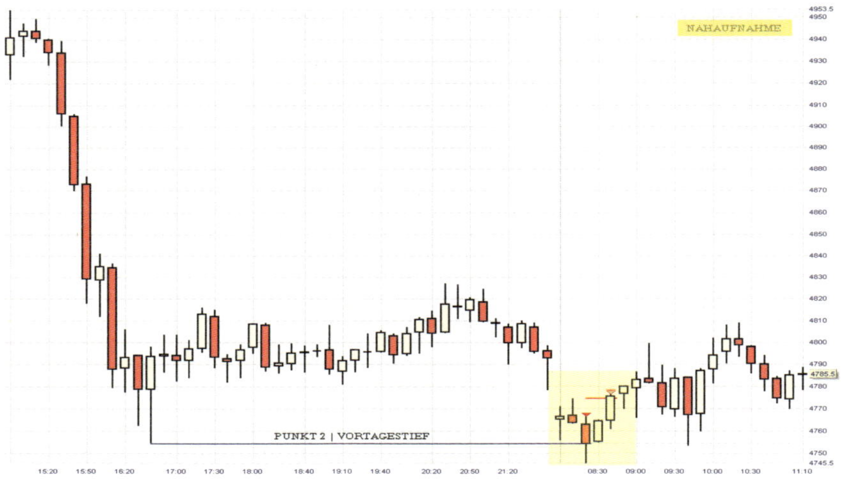

🗁Bild 4

(Auch hier ergibt sich der blau markierte Einstieg aus dem Vortageshoch und einem *Punkt 2*. Bedingt durch den beabsichtigten *Handel der Bewegung*, werden Trailingstopps unter Beachtung von Innenstäben verwendet. Der erste Stopp liegt auf der Vorperiode, in der die Position eröffnet wurde. Üblicherweise wird der erste Stopp auf die Einstiegsperiode selbst gelegt, in diesem Fall liegt jedoch ein zu enger Kursverlauf zwischen Einstieg und aktuellem Hoch der Einstiegsperiode vor, daher wird das Hoch der Vorperiode herangezogen. Die Einstiegsperiode schließt innerhalb der Hoch-/Tiefspanne der Vorperiode und stellt damit einen Innenstab dar. Der Stopp muss daher zurückversetzt werden. Im vorliegenden Fall wird der Stopp aufgrund der Volatilität nicht nur um eine, sondern um zwei Perioden zurückversetzt. Dadurch, dass das Hoch der zweiten Periode vor dem Außenstab tiefer liegt, muss zwangsläufig die erste Periode nach dem Außenstab herangezogen werden. Die dritte Periode (Einstiegsperiode = erste Periode) stoppt die Position mit Minus aus.

Was sagt uns das?

☺ ... wir machen ein und dasselbe, und jedes Mal kommt etwas anderes heraus! Das hatten wir doch gerade ein paar Zeilen weiter oben schon mal ...?! Weißt du, genau das ist der Grund, warum leider 90 Prozent und mehr der Tradinganfänger auf diesem Planeten die Sonne kurz nach Beginn ihrer Karriere nicht mehr sehen. Sie scheitern als Egomanen. Es geht ihnen oftmals nicht um den *beständigen* Gewinn, also um die Sache, sondern entweder darum, Macht zu demonstrieren, oder darum, recht zu haben. Ich weiß, das steht in jedem Buch und Newsletter, und wir haben es tausendmal durchgekaut, das ist also so gesehen nichts Neues. Aber anders ausgedrückt bedeutet das: Stan muss sich, so wie wir auch, im Trading eher wie ein *Schwachsinniger* verhalten und, obwohl man tausendmal das Gleiche tut, im stillen Einvernehmen damit leben, dass dabei in der Regel tausendmal was anderes rauskommt.

Gedanken, Ideen und Visionen zu realisieren, macht jedem von uns unheimlich viel Spaß. Die Arbeit an Inhalten und die erfolgreiche Umsetzung dessen, was man in seinem Hirn ausgebrütet hat, ist immer klasse. Stan muss begreifen lernen, dass dies an der Börse aber leider nicht so einfach umsetzbar ist. Da kann die von der Wirklichkeit gegebene Antwort total verletzend wirken, denn es kann der wirklich tolle, gut ausgedachte Super-Perfekt-Trade, den man gerade frisch kreiert hat, der Börse einfach mal nicht schmecken, und der Chart zeigt einem trotz Fachwissen, Erfahrung und Disziplin die rote Karte. *PENG. AUSGESTOPPT*. Stan muss daher lernen, bei seinen Überlegungen immer der Sache selbst höchste Priorität einzuräumen. Fakt ist, Stan wird die kommenden Jahre nicht überleben können, wenn er nur sein Ego durchsetzen will. Er muss begreifen, dass es ihm egal sein muss, ob er nach unzähligen Minustrades sogar auf dem Bauch kriechen muss, um sein Ziel zu erreichen. Nimm nur allein meine letzte Woche: Mir sind die Fehltrades nur so um die Ohren geflogen, und trotzdem habe ich nicht aufgegeben.

Stan muss also lernen, über seinen Schatten zu springen. Viele Trader schaffen das nicht. Denen ist es wichtiger, dass sie recht behalten, dafür gehen sie dann zusammen mit ihrem Ego unter. Oder sie wollen einfach nicht zugeben, dass sie keine Ahnung haben oder einfach falsch lagen. Anders gesagt: Stan kann einen Fehltrade außer als kleinen Schmerz auch als tiefste Kränkung empfinden, wodurch der Schmerz unerträglich wächst. Stan muss lernen, jeden Fehltrade sportlich zu nehmen, als ein Hindernis, von dem er sich weder einschüchtern noch in blinden Zorn für die nachfolgenden Trades versetzen lassen darf. Im Idealfall bemerkt er ihn emotional überhaupt nicht. *Ihn emotional nicht bemerken* ... ein *starker* Gedanke übrigens. Im letzteren Fall ist nämlich nichts anderes geschehen, als dass er den Fehltrade in den allgemeinen Zusammenhang, nämlich das selbst auserwählte Leben eines Traders, eingeordnet hat und sich daher jeder Trade als Aufgabe erweist, die er als Trader zu bewältigen hat.

Und gerade durch diese Einstellung, dass ein Trade seine Bedeutung ja *ohnehin* erst durch seine Stellung in einer Kette *folgerichtiger Handlungen* erhält, wird Stan zeigen, dass er den einzelnen Trade nicht nur als ein persönliches Geschehnis, sondern – durch das Wissen, dass diesem Trade noch Hunderte weitere folgen werden – als eine sachliche, nicht persönliche Herausforderung seiner geistigen Kraft und seines unerschütterlichen Willens ansieht.

Bemerkenswert ist, dass allerhand Unterscheidungen gebräuchlich sind, um je nach der Lage ein sachliches oder ein persönliches Verhalten anzuwenden oder zu fordern. Seltsamerweise wird das, was sich bei uns, und als Ziel künftig auch bei Stan, beim Trading wie auch allgemein im Leistungssport als überlegene mentale Willenskraft definiert und als notwendige Voraussetzung angefordert wird, von Menschen, die nicht traden oder Leistungssport betreiben, als Gefühlskälte, Herzlosigkeit oder Härte empfunden wird. Ein Mensch zum Beispiel, der präzise, sachlich und willensstark seine Widersacher tötet, gilt entweder als besonders roher und brutaler Killer oder als Held, je nachdem, ob dies in einem Krieg geschieht und Täter und Opfer verschiedene Uniformen tragen, oder nicht.

Einem Physiker, der, in den zarten Armen seiner Frau liegend, an einer Formel weiterrechnet, wird dies als langweilige Trockenheit oder gar als Verschrobenheit ausgelegt, und seiner unbeachteten Frau wird auch der Ruhm unter Gelehrten oder das Preisgeld eines Nobelpreises nicht über ihr Unglücklichsein hinweghelfen. Von Soldaten also, aber auch von Polizisten und Richtern, fordert man diese emotionale Unerschütterlichkeit, die man bei anderen verurteilt, geradezu.

Ohne dass wir uns weiter auf die Moral dieser Beispiele einzulassen brauchen, fällt die Unsicherheit auf, mit der jedes Mal ein Kompromiss zwischen *sachlich* richtigem und *emotional* korrektem Verhalten geschlossen wird. Trading stellt daher mit seiner Art des Verhaltens nicht eine neue Art des Denkens dar, sondern reiht sich fein säuberlich unter anderen Berufen ein.

Daher hoffe ich, dass Stan einsieht, dass – bezogen auf den Ausgang eines Trades – Perfektionismus im Trading nicht das Optimum sein kann. Klar hätte ich bei dem Fehltrade in Bild 4 auch sagen können: »Hallo Leute, habe ich das nötig? Was soll der Sch… hier?!« Aber was hätte mir das gebracht? Dies zu umgehen, ist Bestandteil der Krankheit, könnte man als Trading-Doc sagen. Für die Signallogik wäre das wirklich super schade gewesen, denn in dieser Woche waren alle anderen Trades so, wie ich sie haben wollte, siehe Bild 3, und es sind aus allen Signalen positive Trades geworden.

Also hoffen wir, dass Stan durchhält! Aber um durchzuhalten – und Stan weiß ja nie, in welcher Reihenfolge die Fehltrades auftauchen –, ist das Risk- und Moneymanagement so irre wichtig. Aber darüber lasse ich mich heute nicht mehr aus. Das machen wir mal wann anders. Wichtig ist vorerst für Stan, dass er erkennt, dass die wahrhaftigen Unterschiede zwischen ihm als Anfänger und uns weder in der Summe der Handelsstunden noch in der Summe des Geldes oder in der Frage Fremd- oder Eigenkapital liegen, sondern hauptsächlich in dem eigenen Stil und dessen *Beständigkeit*. Gib uns weniger Geld … na und? Gib uns nur eine Stunde am Tag Zeit zum Trading … na und? Lass uns ausschließlich nur mit eigenem Geld traden … na und? Nimm uns den Zielwert und lass uns als Rendite nehmen, was immer wir wollen … na und? Aber: Nimm uns unseren Stil … *Autsch!* Oder: Zwinge uns, die Logik zu wechseln, wenn ein Trade mit Minus beendet wird … *Autsch, Autsch!!*

Also gilt: Wir müssen unserem Bambino, wie auch einst dir, lieber Philip, um durch diese echt brutale Trading-Welt zu kommen, immer wieder den einen besonderen Rat geben: Finde deinen Stil und übe »schwachsinnige Beständigkeit«. Stan wird zwar immer wieder meinen, dass wir gut reden haben und das für alle gelten mag, für ihn jedoch sicher nicht. Das ist aber falsch, es gilt für jeden Trader. Auch für Stan! Er muss nur zeigen, dass er willens ist, besser zu sein als die anderen 90 Prozent Anfänger, dann kommt er weiter. Das nennt man schlicht und einfach Leistungsprinzip!

Auch du, Philip, musstest, um deinen Traum zu verwirklichen, arbeiten wie ein Galeerensklave. Du weißt ja: Der liebe Börsengott hat vor den Tradingerfolg den Schweiß gesetzt. Das ist das Geheimnis der Extrameile. Als andere Trader aufhörten oder aufhören mussten, weil sie nicht auf ihr eigenes Verhalten reagieren konnten, musstest du noch eine Meile extra laufen, um besser zu sein. Oder anders: An der Börse verdientes Geld ist Schmerzensgeld. Erst kommen die Schmerzen, dann das Geld.

Aber ich denke, darin sind wir uns jetzt, wo wir uns so viele Jahre kennen, ja, vollkommen einig. Einzig gültige Autorität ist die Vernunft im Trading, und alle meine Empfehlungen stützen sich darauf.

Und jetzt will ich dich nicht länger quälen mit meinen Gedanken und Ratschlägen. Ich wünsche dir noch einen schönen Abend und morgen einen guten Flug. Und viel Spaß mit den Kollegen in Bangkok und besonders mit dem Bambino!

Herzliche Grüße
Hofner

ERLÄUTERUNGEN

… Time & Sales-Liste (T&S-Liste)
Die Time & Sales-Liste zeigt das Ergebnis der Kursfeststellungen. Hier werden nicht die Aufträge dargestellt, sondern die Ergebnisse der Aufträge, also der neue Kurs. Welches Volumen, gleichbedeutend mit dem Begriff *Umsatz*, zu diesem Kurs umgesetzt wurde, steht hinter dem Kurs. Die Uhrzeit, zu welcher die Kursfeststellung erfolgte, ist ebenfalls einsehbar. Diese Liste ist nicht zu verwechseln mit dem eigentlichen Orderbuch der Börse.
Aus der T&S Liste ist u. a. die Liquidität eines Wertes erkennbar. In Future-Märkten erfolgt eine neue Kursfeststellung mitunter mehrmals in einer Sekunde (Bild 1), in anderen Werten können aufgrund des geringen Orderverhaltens der Marktteilnehmer mitunter Stunden vergehen, bis ein neuer Kurs zustande kommt.

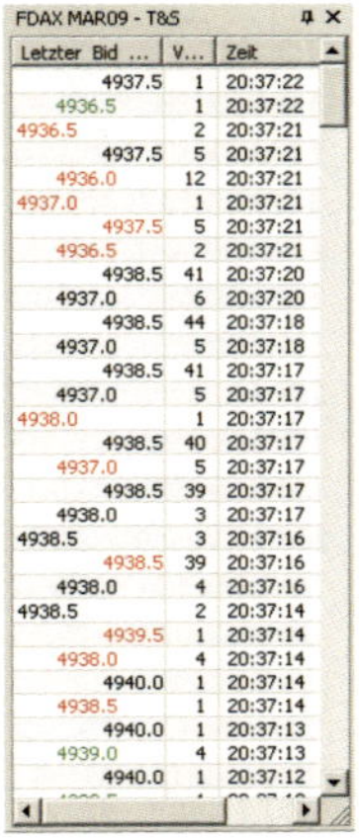
FDAX MAR09 - T&S

Letzter Bid …	V…	Zeit
4937.5	1	20:37:22
4936.5	1	20:37:22
4936.5	2	20:37:21
4937.5	5	20:37:21
4936.0	12	20:37:21
4937.0	1	20:37:21
4937.5	5	20:37:21
4936.5	2	20:37:21
4938.5	41	20:37:20
4937.0	6	20:37:20
4938.5	44	20:37:18
4937.0	5	20:37:18
4938.5	41	20:37:17
4937.0	5	20:37:17
4938.0	1	20:37:17
4938.5	40	20:37:17
4937.0	5	20:37:17
4938.5	39	20:37:17
4938.0	3	20:37:17
4938.5	3	20:37:16
4938.5	39	20:37:16
4938.0	4	20:37:16
4938.5	2	20:37:14
4939.5	1	20:37:14
4938.0	4	20:37:14
4940.0	1	20:37:14
4938.5	1	20:37:14
4940.0	1	20:37:13
4939.0	4	20:37:13
4940.0	1	20:37:12

Bild 1

Weitere Details im Fachbuch »Das große Buch der Markttechnik« auf den Seiten 76 ff., 128 ff.

… Trend | Bewegung | Korrektur
Ein Trend aus der Sicht der Markttechnik liegt dann vor, wenn lokale Hochs und Tiefs ansteigen bzw. fallen. Zur Trendfindung werden die lokalen Hoch- und Tiefpunkte herangezogen. Vorsicht, es wird oft der Fehler gemacht, sich zu sehr auf die einzelne Periode bzw. den einzelnen Bar zu konzentrieren.
… Bewegung
Ein Bestandteil des Trends ist die Bewegung. Die Bewegung zeichnet sich in der Regel durch einen sauberen, schnellen Chartverlauf in einem Trend aus. Der Bestandteil – *Bewegung* – eines Trends läuft innerhalb weniger Perioden und mit dem höchsten Momentum ab.
… Korrektur
Die Korrektur ist der zweite Bestandteil des Trends. Diese stellt sich in der Regel als eher unsauberer Chartverlauf dar. Die Korrektur ist ein sehr wichtiger Baustein in einem Trend, denn erst durch Positionseröffnungen und -wechsel von Marktteilnehmern ist ein anhaltender Trend möglich.

Details nachzulesen im Fachbuch »Das große Buch der Markttechnik« auf Seite 106 ff.

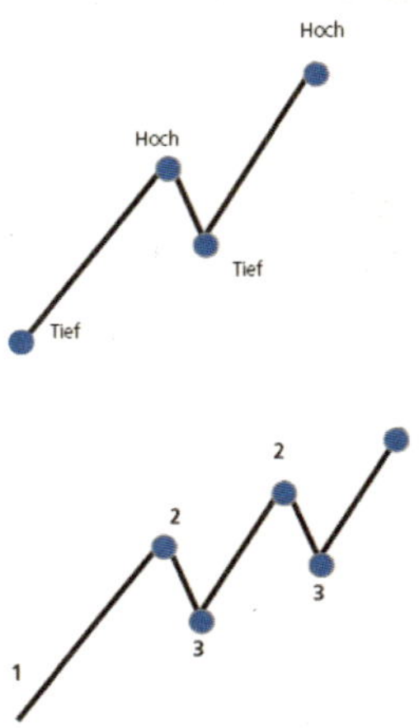

Bild 2

... 1-2-3-Punktzählung

Ein 1-2-3 dient der Definition lokaler Hoch- und Tiefpunkte eines Trends und ergibt sich aus den ersten drei Punkten eines Trends. Durch die Markierung oder Benennung dieser Punkte ist eine eindeutige Zuordnung möglich. Diese Zuordnung könnte auch mit jedem anderen Zahlenwerk oder Buchstaben etc. erfolgen. Die Punkte 1 bis 3 werden nachstehend zusammengefasst.

... *Punkt 1*

Erster Punkt in der Punktzählung eines Trends. Er markiert im beginnenden Aufwärtstrend den tiefsten bzw. im beginnenden Abwärtstrend den höchsten Punkt und den Beginn der Bewegung.

... *Punkt 2*

Zweiter Punkt in der Punktzählung. Er ergibt sich als Hochpunkt (Aufwärtstrend) bzw. Tiefpunkt (Abwärtstrend) der Bewegung. Es folgt eine Korrektur. Nach Beendigung der Korrektur und Beginn einer neuen Bewegung dient dieser Punkt u. a. in der Markttechnik als Einstieg.

... *Punkt 3*

Dieser Punkt ergibt sich als neuer Tiefpunkt (Aufwärtstrend) bzw. Hochpunkt (Abwärtstrend). Dieser Punkt stellt den Hoch- bzw. Tiefpunkt der Korrektur dar. Er kann erst bei Durchbruch durch *Punkt 2* definitiv als *Punkt 3* festgelegt werden, denn erst jetzt würde bei einem erneuten Drehen des Marktes ein neuer *Punkt 2* entstehen. Wie auch *Punkt 1* ist *Punkt 3* der Startpunkt einer Bewegung.

... *Punkt 2* – Bedeutung aus markttechnischer Sicht

Dieser Punkt wurde als Drehscheibe für Positionen erkannt. An diesem Punkt kommt es zum *Ausstoppen*, zum *Positionsdrehen* und zur *Neueröffnung* von Positionen. An diesem Punkt stehen die Marktteilnehmer im Orderbuch kurzzeitig auf derselben Seite. Bei einem Durchbruch durch *Punkt 2* entstehen in aller Regel die größten Bars im Marktverlauf.

Beispiel siehe 🗀Bild 3-4.

🗀Bild 3 zeigt den großen Trendverlauf des FDAX auf einem 10-Minuten-Chart. Die rote Linie am *Punkt 2* kennzeichnet dessen Durchbruch. Bei

🗀Bild 3

Unterschreiten dieses Punktes handelt der Trader eine der drei Handelsausrichtungen *Trend, Bewegung* oder *Ausbruch* oder alle gleichzeitig. Dabei beachtet er, dass jede der Ausrichtungen ein anderes Stoppverhalten, *eine andere* zeitliche Ausrichtung und mentale Einstellung erfordert.

Details im Fachbuch »Das große Buch der Markttechnik« auf Seite 217 ff. In Bild 4 sind die untergeordneten Trends aus Bild 3 eingezeichnet. Diese liegen innerhalb des großen Trends aus Bild 3.

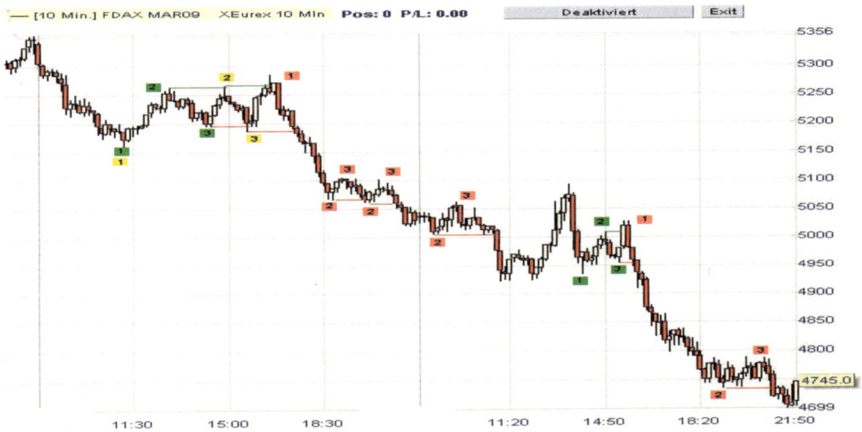

Bild 4

Diese Trends sind zwar auf diesem 10-Minuten-Chart ersichtlich, würden aber nicht zum Handel, sprich Einstieg, als auch der Stoppversetzung herangezogen werden können. Aufgrund der fehlenden Deutlichkeit – zeitliche Entstehung sowie die Punktgröße des Spannungsverhältnisses zwischen *Punkt 1, Punkt 2* und *Punkt 3* – gehören diese Trends eher auf die untergeordneten Zeiteinheiten von 3- oder 1-Minute oder besser gleich auf den Tickchart. Diesem Thema wird in den kommenden Buchbänden von DER HÄNDLER besonderes Augenmerk geschenkt.

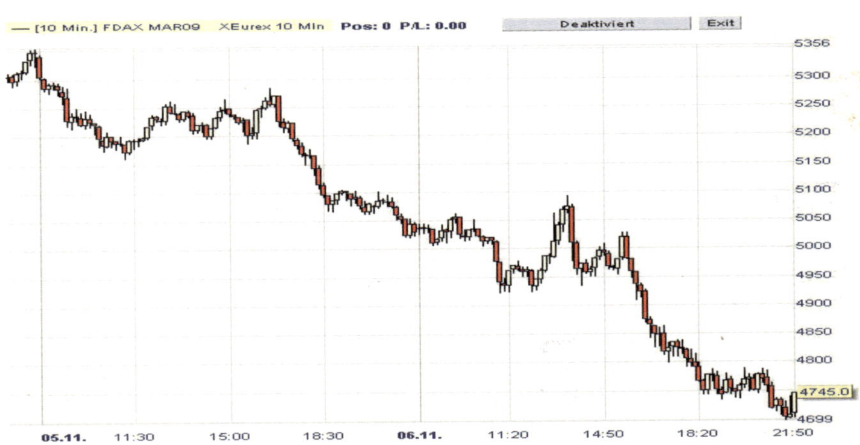

Bild 5

🗁Bild 5 zeigt einen Chartverlauf aus 🗁Bild 3 und 4 ohne Hinweise. So erhält der Leser die Möglichkeit, die Hinweise nochmals selbstständig am reinen Chart nachzuvollziehen.

... Punktzählung symbolisiert die Orders

Fassen wir die genannten Positionen zusammen, entsteht bei einem ansteigenden Markt und einem Durchbruch durch den entstandenen *Punkt 2* folgendes Orderschema, siehe 🗁 Bild 6.

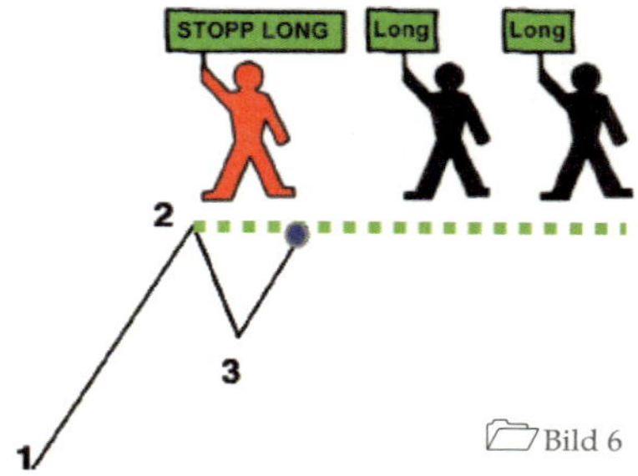

🗁Bild 6

Die Trader, die auf fallende Kurse spekuliert und somit noch offene Short-Positionen haben, hatten diese durch *Stopp-Long-Orders* im Verlust abgegrenzt und werden nun ausgestoppt. Ausgestoppt bedeutet, dass Long-Kontrakte zur Glattstellung geordert werden müssen. Der Markt übersteigt den vorherigen *Punkt 2*.
Somit war die Short-Position tendenziell falsch, und ein Positionswechsel wäre sinnvoll. Diese ausgestoppten Trader sind dann teils auch bereit, ihre Positionen zu drehen. Es wird somit von short positionierten Tradern die *doppelte* Kontraktanzahl geordert. Diese Orders dienen zum einen der Positionsschließung *(Symbol-Männchen 1)* und zum anderen der Positionseröffnung *(Symbol-Männchen 2)*. Trader, die keinerlei Position hatten, eröffnen bei Überschreiten *von Punkt 2* Long-Positionen und spekulieren auf einen Trend *(Symbol-Männchen 3)*.
Die Trader, die bei dem Durchbruch durch *Punkt 2* bereits long waren, treten nicht in Aktion, da der steigende Markt ihre Erwartungen erfüllt. Diese Trader werden je nach Handelsausrichtung und -ziel nun lediglich ihren Stopp auf den neu entstandenen Tiefpunkt, *Punkt 3*, nachziehen.

Weitere Beispiele und aufbauende Gedanken zu den Handelsausrichtungen werden in den kommenden Bänden der Serie DER HÄNDLER erläutert.

... Innenstab

Der Markt bildet oft Bars aus, die innerhalb der Spanne eines vorherigen Bars schließen. Solche Bars werden *Innenstäbe* genannt. Innenstäbe haben für das Trading die fatale Eigenschaft, über die Hochs oder Tiefs des Außenstabs gehandelt zu werden und trotzdem innerhalb der Hoch-/Tiefspanne des Außenstabs zu schließen. Ebenso fällt der ständige Richtungswechsel der einzelnen Bars auf. Da diese Eigenschaft und die Beziehung der Eröffnungs- und Schlusskurse der Innenstäbe zur Hoch-/Tiefspanne des Außenstabs auf den ersten Blick selten direkt wahrnehmbar sind und daher auch nur selten erkannt werden, kommen die meisten kurzfristigen Fehltrades innerhalb bzw. während dieser Innenstäbe zustande. Aus diesem Grund erlangen Innenstäbe für das markttechnische Trading, speziell die Stoppsetzung, eine sehr hohe Bedeutung.

Bild 7

Detailliert nachzulesen im Fachbuch »Das große Buch der Markttechnik« auf Seite 185 ff.

Hinweise zu den Datenanbietern und Charts

Alle in diesem Buch verwendeten Charts und Kurse sind von den nachfolgend genannten Firmen zur Verfügung gestellt worden:

Der E*TRADE IQ-Trader ist ein im Markt etabliertes Tool, welches für ganzheitliche Chartanalyse, intuitives Trading und programmunterstützte Auftragsauslösung bekannt ist und wenn gewünscht vollautomatisiertes Handeln ermöglicht. Weitere Details zum E*TRADE IQ-Trader finden Sie unter www.etrade.de

Das Produkt basiert auf Software der Fipertec GmbH, die als Anbieter performanter Systeme zur Technischen Analyse bekannt geworden sind. Die Markt- und Fundamentaldaten werden von FIDES Information Services, Zürich, geliefert.

E*TRADE Germany
Tauentzienstraße 14
D-10789 Berlin

Kostenfreie Hotline:
Tel.: 0800 - 333 20 01 aus dem Inland
Tel.: +49 30 - 233 666 33 aus dem Ausland
E-Mail: interessenten@etrade.de

Fipertec GmbH
Tauentzienstraße 15
D-10789 Berlin

Tel.: +49 30 - 7 26 10 36 - 40
Fax: +49 30 - 7 26 10 36 - 70
E-Mail: info@fipertec.de

Badenerstrasse 172
CH-8036 Zürich

Tel.: +41 44 - 298 65 80
Fax: +41 44 - 298 65 81
E-Mail: sales@fides.ch

Wissen Sie, warum die Serie DER HÄNDLER genau alle drei Monate erscheint? In der Branche gibt es einen Begriff, den des Quartalskunden. Damit ist jener Kunde gemeint, der nach Ablauf von drei Monaten sein Konto beerdigt.

Wäre doch klasse, wenn sich so mancher Leser bis zum Erscheinen des nächsten Bandes nicht nur vornimmt, noch dabei zu sein, sondern sich auch Ziele setzt!

Schreiben Sie doch einfach Ihre wichtigsten fünf Ziele auf und halten Sie bis zum nächsten Band durch.

Ich, Trader ______________________________ ,

nehme mir bis zum Erscheinen des nächsten Bandes Folgendes vor:

____

____

____

____

____

____